数字图书馆发展趋势研究报告

主 编／刘小琴 吴建中

DIGITAL
LIBRARY

上海科学技术文献出版社
Shanghai Scientific and Technological Literature Press

图书在版编目（CIP）数据

数字图书馆发展趋势研究报告 / 刘小琴，吴建中主编 .
—上海：上海科学技术文献出版社，2016.5
　 ISBN 978-7-5439-7029-8

Ⅰ . ① 数…　Ⅱ . ①刘…②吴…　Ⅲ . ①数字图书馆—研
究报告—中国　Ⅳ . ① G250.76

中国版本图书馆 CIP 数据核字 (2016) 第 083754 号

责任编辑：张　树　王倍倍
封面设计：周　婧

数字图书馆发展趋势研究报告
主编　刘小琴　吴建中
出版发行：上海科学技术文献出版社
地　　址：上海市长乐路 746 号
邮政编码：200040
经　　销：全国新华书店
印　　刷：上海中华商务联合印刷有限公司
开　　本：720×1000　1/16
印　　张：16.75
字　　数：180 000
版　　次：2016 年 5 月第 1 版　2016 年 5 月第 1 次印刷
书　　号：ISBN 978-7-5439-7029-8
定　　价：68.00 元
http://www.sstlp.com

编者的话

  2015 年 6 月 17 日，全国数字图书馆建设与服务联席会议第十六次会议在上海崇明县图书馆召开。国家图书馆、文化部全国公共文化发展中心、上海图书馆上海科学技术情报研究所、中国科学院文献情报中心、北京大学 CALIS 管理中心、中共中央党校图书馆、国防大学图书馆等联席会议各成员单位及中国图书馆学会相关负责人出席了会议。

  在会议上，文化部公共文化司刘小琴巡视员指出，加快数字图书馆建设，促进图书馆新业态的形成，对于加快构建公共文化服务体系具有十分重要的意义。数字图书馆联席会议制度自成立至今，已召开 16 次会议，取得了重要的成果，这主要得益于：一、文化部的重视与支持；二、我国图书馆界对数字图书馆建设的积极探索以及由此形成的丰富的理论与实践经验；三、来自社会各方面的支持；四、我国图书馆人的优良传统和孜孜不倦的追求。本次会议审议修订了《数字图书馆安全管理指南》，重点研讨了全国各系统图书馆数字图书馆"十三五"规划情况，深入探讨数字图书馆发展面临的问题、挑战和应对策略。

  在第十六次联席会议上，讨论了数字图书馆在资源、平台、服务等方面所面临的问题和挑战，数字图书馆在数字阅读推广方面的实践经验及成效，数字阅读在移动环境下的推广策略与品牌塑造等。刘小琴巡视员在会议总结时指出，本次会议对图书馆"十三五"规划进行了研讨，各单位发言质量很高、信息量很大，分析更加深入，视野更加开阔。会上讨论的问题具有前瞻性和很高的参考借鉴价值。经讨论，会议形成决议：在本次会议各单位发言的基础上，围绕数字图书馆未来发展规划的制定，各单位形成一篇报告，结集出版《数字图书馆发展趋势研究报告》一书，作为本次会议的成果，也为全国各类数字图书馆建设提供借鉴和帮助。

根据会议指导意见，在国家图书馆、文化部全国公共文化发展中心、上海图书馆、中国科学院文献情报中心、北京大学CALIS管理中心、浙江大学CADAL管理中心、中共中央党校图书馆等各成员单位的大力支持和共同努力下，结合数字图书馆建设工作，最终合作完成了本书的编纂。全书根据内容分为上编、下编两部分：上编为各单位数字图书馆的"十三五"规划报告；下编为各单位数字图书馆发展较为突出或较有特色的项目、成果介绍，以及数字图书馆应用实例情况介绍等。内容涵盖了数字图书馆建设的多个方面，从顶层设计"十三五"未来发展战略规划到具体的实践成效和经验，从多角度详细探讨了数字图书馆建设未来发展的方向和具体举措。为更好地服务各单位数字图书馆建设，本书在编辑过程中，整理出了国家图书馆等5家单位的"十三五"规划报告，报告中分析了"十三五"时期数字图书馆面临的形势、图书馆技术应用前瞻、数字图书馆的发展方向等，涵盖了各单位数字图书馆已完成的建设内容和建设经验，以及"十三五"时期的建设目标、任务和建设思路；同时收集了8篇在数字图书馆建设方面取得的卓越成果报告，包含了数字资源建设、平台设计开发、数字人文建设、可视化数据服务等多个方面的内容。

自 2007 年以来，全国数字图书馆建设与服务联席会议各成员单位合作共享，取得了重要成果。《数字图书馆发展趋势研究报告》从战略高度进行了"十三五"规划布局，力求反映数字图书馆领域的最新成果和发展前景。

本书可供从事图书馆学研究和数字图书馆领域工作的国内同行交流，推动我国数字图书馆的建设与发展。由于时间仓促，疏漏和不当之处在所难免，敬请读者批评指正。

编者

2016 年 4 月 20 日

**数字图书馆发展趋势
研究报告 >**

目录

目 录

CONTENTS

下　编

数字图书馆发展趋势研究报告

DIGITAL
LIBRARY

上 编

立足"互联网+"战略，推动我国数字图书馆协同创新

孙一钢

(国家图书馆 北京 100081)

摘要：

对国外多个大型国家图书馆的数字图书馆、主要行业组织进行调研，结合信息技术发展趋势，在总结"十二五"成果的基础上，立足"互联网+"背景下公共文化的发展需求，对国家数字图书馆以及全国的未来发展进行战略规划。

关键词：十三五；战略管理；互联网+；国家数字图书馆

今年是"十二五"的收官之年，各馆都在总结"十二五"期间的成绩，制定"十三五"规划。国家图书馆在制定本馆"十三五"规划的同时，还承担了公共图书馆"十三五"规划的制定任务。2014年9月9日，国家图书馆召开了全国省级公共

图书馆馆长座谈会，就国家图书馆"十三五"规划制定的方向和内容向全国公共图书馆征求意见、建议。2014年10月，国家图书馆成立"十三五"规划预研小组，遴选了八个重点专题方向，组织馆内研究团队开展预研工作。这八个方向分别是：国家图书馆"十三五"时期事业发展环境分析及发展目标研究，国家图书馆与中华优秀传统文化传承体系建设研究，国家文献信息资源总库（总书库）建设研究，国家图书馆资源整合战略研究，国家图书馆分层服务战略的拓展与提升研究，国家图书馆数字图书馆的建设与发展研究，国家图书馆行业引领示范的目标、任务与路径研究，国家图书馆人才培养与体制机制改革研究。截至2015年5月，各小组均已完成相关专题的预研工作，开始进入"十三五"规划的起草阶段。

一、概述

"十三五"期间国家图书馆数字图书馆的建设与发展研究工作，按照"充分调研、立足经验、合理规划"的原则，首先对发达国家的国家图书馆建设和发展的现状、趋势进行了广泛的调研，充分了解数字图书馆的建设发展趋势，借鉴发达国家数字图书馆的建设经验和发展规划，为国家图书馆"十三五"期间数字图书馆的建设与发展提供先进理念、先进技术和先进思路的参照。其次，对国内几大著名数字图书馆工程的建设成绩和经验，特别是数字图书馆平台、资源、服务、标准等方面的建设经验进行总结分析，为国家图书馆"十三五"期间数字图书馆的建设与发展奠定实践基础。再者，对当前社会信息化的现状和趋势，以及主流信息技术如大数据、云计算、移动互联网、物联网和信息安全的发展和国家政策性的规划进行了概要分析，为国家图书馆"十三五"期间数字图书馆的建设与发展提供技术和政策依据。

二、数字图书馆发展趋势的调研与启示

为了给国家图书馆"十三五"期间数字图书馆的建设与发展提供先进理念、先进技术和先进思路的支撑，我们充分调研了国内外数字图书馆的战略管理、建设现状、发展规划以及现代信息技术的发展趋势，对数字图书馆未来的发展进行了总结分析如下：

2.1　全面调研

从 1960 年开始，国外图书馆就已经有了战略管理，并形成 3~5 年更新一次的惯例，为图书馆中短期的发展提供方向性意义。图书馆业务安排一般要与发展战略紧密结合，从而引导图书馆管理理念和管理方式的变革。

美国国会图书馆"2011—2016 战略规划"提出其使命是"支持国会履行其宪法赋予的职责，为了美国人民的利益，进一步促进知识发展和创造力提升"。英国国家图书馆"2020 愿景"

提出"为了经济、社会利益和丰富文化生活，到 2020 年，它将成为全球信息网络领先中心，通过馆藏、专业技术和合作伙伴关系推进知识"。加拿大国家图书档案馆"2013—2016 计划"提出战略重点为"获得代表加拿大社会的信息资源、提高数字格式的文献遗产的保护、改善用数字技术获取的内容"等。新西兰国家图书馆"2014—2017 数字化策略"提出"建立在线数字化馆藏，确保对新西兰内容的长期访问"等。日本国立国会图书馆"2012—2016 使命与目标"着力突出"数字图书馆建设的收集与保存、信息访问、相互协助与合作及东日本大地震档案库"四个目标等。

调研各个国家图书馆数字化资源，通过馆藏资源数字化、网页存档、特色馆藏三个方面展开。对于馆藏数字化，调研美国的国家数字化管理联盟（NDSA）和国家数字管理培训（NDSR）、大英图书馆的数字化项目和数据集项目、加拿大可信数字仓储（TDR）项目、澳大利亚图书馆的资源共享系统和知识发现系统（TROVE）、新西兰国家数字遗产保存（NDHA）项目、日本国立国会图书馆的数字馆藏项目和检索系统、新加坡馆藏文献数字化项目、韩国的合作项目虚拟国际规范文档（VIAF），共八个国家多个项目。对于网页存档，调研美国国会图书馆网络档案馆（LCWA）项目、英国网页归档项目（UKWAC）、澳大利亚 PANDORA 项目、日本网络信息资源采集保存事业（WARP）、新加坡网络资源存档项目。对于特色馆藏，调研美国国会图书馆特色馆藏项目、东日本大地震存档项目。

在服务方面，涵盖慕课（MOOC）、移动服务、关联数据三方面。调研美国慕课、美国国会图书馆移动 APP 资源、美国国会图书馆关联数据服务，调研英国慕课服务、移动服务"大英声音地图"，调研日本馆移动客户端 Twitter、Facebook 服务，调研韩国关联开放数据（LOD）、政府信息服务。

在合作方面，调研美国公共数字图书馆（DPLA）、世界数字图书馆（WDL）、图书馆共同体国际联盟（ICOLC）、澳大利亚国家图书馆和州立图书馆电子资源联盟、新西兰数字保存实践指导和数字持续行动计划，以及其他合作行动。

此外，还调研国际图书馆组织美国图书馆协会、国际图联（IFLA）、联合国教科文组织、联机计算机图书馆中心（OCLC）、皮尤研究中心（Pew Research Center）等发布的专门规划文件和专业报告。

2.2 总结启示

经过调研分析，得到的启示如下：

在战略规划方面，一是要重视图书馆发展战略管理，战略规划的制定应立足现实，做到独特敏锐、具有前瞻性和引领作用，并根据实际情况的变化及时进行修订；同时要围绕战略规划，制定一系列具有更强操作性的行动规划，一方面作为战略规划的解释，一方面有利于更好地落实战略规划。二是发展规划中，要注重充分利用已有的信息化基础设施和现有的研究基础、技术知识，高效率地利用甚至循环利用信息，避免重复建设造成的浪费，以最终实现改善公共服务的目的，获取最大效益。

在发展模式方面，首先要以人为本，以资源利用为出发点，将数字图书馆研究与实际应用紧密结合，形成数字图书馆应用与研究的群体。其次，要探索较完善的商业模式，比如澳大利亚国家图书馆，既实现了政府和其他商业机构的投资回报，也为图书馆打造了良好的口碑。再者，要加强区域间、行业间的资源建设合作，推动区域合作，联合多方力量共同参与到解决生成、保管和利用数字资源问题中来，最大程度实现资源共享集成。

在基础设施建设方面，要更加重视网络和信息安全问题，建立以防为主、软硬结合的网络与信息安全保障体系，大力推进国产化战略，努力推动自主可控信息技术产品的广泛应用，加强现代图书馆信息系统的安全防护工作。

在资源建设方面，一是要在不断扩大资源建设范围的同时，考虑进行精品特色资源加工，提升资源服务效率。各级各类型的图书馆一定要依据各地及自己的实际现状，立足本馆资源，建设并挖掘本馆的特色资源。二是要"活化"历史文化资源，通过数字技术，对历史遗产尤其是一些世界级文化遗产进行物理馆藏数字化，并以视频、模型、动画等新形式呈现出来，使它们更具有交互性，更容易被用户接受和喜爱。

在读者服务方面，不仅要利用大数据技术针对不同读者群进行充分的信息需求调查，为读者提供个性化服务。还要利用移动互联网拓展无时不在、无处不在的新型服务模式，此外还要进一步探索加强知识信息服务，大力开展社会教育服务，从而使图书馆不仅成为阅读中心，也成为学习研究中心，延伸泛在公共教育的使命。

三、国家数字图书馆"十二五"时期的建设成果

国家图书馆自20世纪90年代开始跟踪、建设数字图书馆，

"十二五"期间倡导并建设了"国家数字图书馆工程""县级数字图书馆推广计划""数字图书馆推广工程"等重大文化工程，全国各地区、各系统的数字图书馆建设也得以蓬勃发展，积累了大量数字资源，初步形成由国家数字图书馆、行业数字图书馆和区域数字图书馆组成的数字图书馆建设与服务体系。

在信息化基础设施方面，万兆主干高速网络传输系统、海量数字资源存储系统、高性能服务器系统和现代化集群运行环境等硬件基础设施平台已搭建完成。截至 2014 年底，国家图书馆存储系统的系统容量超过 2 000 TB，各类服务器、存储设备、UPS 等超过 1 000 台（套），网络出口总带宽达到 1.2G。

在系统平台建设方面，围绕海量数字资源建设、组织、服务与存储的文献数字化加工系统、资源组织与知识组织系统、数字资源发布与服务系统、数字资源长期保存系统等核心软件系统平台基本建成，实现了业务全流程自动化，促使传统图书馆向现代复合型图书馆转型。

在数字资源方面，通过数字化加工、征集、合作等渠道不断丰富馆藏数字资源的内容和数量，数字资源规模急剧扩大，数字资源馆藏总量保持稳定增长。截至 2014 年底，我馆数字资源总量达到 1 024.5 TB，提前一年实现了我馆"十二五"规划中规定的数字资源总量达到 1 000 TB 的目标，成为了世界最大的中文数字信息保存与服务基地。

在服务创新方面，利用新媒体扩大公共文化服务的覆盖面和辐射力，搭建起满足不同服务需求的新媒体数字图书馆服务体系，打造基于互联网、广播电视网和移动通信网的跨网络、跨终端的服务新业态，树立起"文津搜索""国图公开课""掌上国图""国图空间""数字图书馆移动阅读平台"等优质服务品牌，针对到馆读者提供便捷的智能服务，针对远程使用读者建立一站式远程服务，打造了一个随时、随地、随身的无处不在的数字图书馆，使数字文化建设成果真正惠及全民。

在标准规范建设方面，围绕数字资源生命周期为主线进行构建，构建了数字图书馆标准规范体系，涵盖数字内容创建、数字对象描述、数字资源组织管理、数字资源服务、数字资源长期保存 5 个环节，包括 11 个大类，共计 34 个标准规范项目，为我国公共数字图书馆的建设和服务提供了统一的参考依据。

"十二五"期间国家图书馆与全国公共图书馆共同实施了数字图书馆推广工程，全面联通了覆盖全国的数字图书馆网络；大幅提升各地数字图书馆硬件基础条件；各级公共图书馆的数字资源服务量显著增加，顺利完成"11134"的资源建设目标，即推广工程资源总量达 10 000 TB，国家数字图书馆达 1 000 TB，省级图书馆资源达到 100 TB，市图书馆资源达到 30 TB，县级图书馆资源达到 4 TB；以唯一标识符系统、统一用户管理系统为代表的数字图书馆业务平台投入使用；移动阅读、政府信息整合服务等服务平台惠民成效显著，在促进基本公共文化服务标准化、推进公共文化服务均衡发展及保障广大人民群众基本文化权益中发挥了重要作用。

四、"十三五"时期数字图书馆面临的形势

"十三五"时期，我国公共数字文化建设迎来加快推进的重要战略机遇期。中共中央办公厅、国务院办公厅印发的《关于加快构建现代公共文化服务体系的意见》(以下简称《意见》)

提出要促进现代公共文化服务体系建设标准化、均等化，加强公共文化服务硬件和软件建设；要推进公共文化服务与科技融合发展，加快推进公共文化服务数字化建设；创新公共文化管理体制和运行机制，统筹实施文化共享工程、数字图书馆、数字博物馆等建设项目，构建标准统一、互联互通的公共数字文化服务网络；在基层实现共建共享。《意见》的出台为数字图书馆建设提供了良好的政策环境。

"十三五"时期，信息技术仍将快速发展，大数据、智能化、移动互联网、云计算、物联网等技术，作为 IT 行业里程碑式的技术创新，将一步步深入到各个社会领域。全媒体、数字阅读、数字人文、数字生活、智慧城市等技术元素与平台，将继续改变公众知识与信息获取的方式。

2015 年，李克强总理在《政府工作报告》中首次提出了"互联网 +"概念。"互联网 +"不仅是互联网移动了、泛在了、应用于某个传统行业了，更加入了无所不在的计算、数据、知识，造就了无所不在的创新，引领了创新驱动发展的"新常态"。信息环境的变化、信息技术的发展、互联网思维的冲击，为数字图书馆的建设提供了更快捷、更高效的技术手段和方式方法，也带来了巨大的挑战，对数字图书馆的建设服务提出了更高的要求。

经过多年的发展，我国数字图书馆建设取得了丰硕成果。"十三五"时期，如何将最新的信息技术充分应用于图书馆业务与服务中，加强数字图书馆与传统图书馆的业务整合与服务融合，提升数字图书馆的服务广度与深度，为现代公共文化服务体系的构建提供支撑，是各级公共图书馆所面临的紧迫任务之一。

五、国家数字图书馆"十三五"时期建设思路

2015 年 4 月，国家图书馆馆长韩永进做客人民网文化频道《"互联网 +"时代的全民阅读》系列访谈时，详细介绍了国家图书馆在"互联网 +"时代所面临的诸多挑战，以及国图结合互联网平台所推出的"三大法宝"：国图公开课、中国国家数字图书馆、掌上国图。这意味着国家图书馆在"互联网 +"战略下对发展方向开始进行深入的规划和思考。

"十三五"时期，国家图书馆将深入研究、实施"互联网 +"战略，充分利用互联网创新成果来塑造新的服务环境，使国家数字图书馆走向更广阔、更有活力的发展空间。初步考虑重点做好以下几方面工作：

5.1 构造海量资源和数据支撑体系

资源和数据是信息时代图书馆各类公众服务的基础，"十三五"期间国家图书馆将在已有海量数字资源的基础上，继续扩展资源种类，加强不同类型资源的整合与深层次揭示，通过大数据手段深度挖掘数据内部价值，为民众提供更多可享受的数字文化服务。

一是要全面收集和保存网络信息资源。全面系统地采集和保存国内互联网信息资源，有重点地采集和保存国际网络信息，实现网络信息的长期保存、长效可用，提高网络信息的分析能力和利用水平，为政府决策、企业经营、网络安全和人民生活提供重要的信息素材。

二是要深度整合馆藏资源。对多种载体、多种类型、分散异构的文献资源进行科学统一的管理与揭示，通过"文津搜索"系统，实现文献资源整体的多维整合、深度揭示与知识关联，提升资源保存与服务的质量，从而全面提升优秀数字文化资源的利用效率。

三是深度挖掘数据价值。利用大数据处理技术，探索将各种结构化、半结构化和非结构化数据进行统一整合、分析、处理的方法，提高分析数据比例，深度挖掘数据内部价值，从而为立法决策提供科学分析和智能辅助决策，为公共用户提供数字化的知识服务，为行业用户提供个性化的信息服务。

5.2 搭建智能化的基础支撑平台

为了提升国家数字图书馆的运行和服务效率，"十三五"时期，国家图书馆将基于现有的数字图书馆基础硬件平台，进一步融合新的信息技术，提升信息化设施的可管理性、安全性和智能化程度，为数字图书馆的建设和服务提供可靠的设施保障。

一是实现基础设施的统筹规划和管理。经过多年建设，国家图书馆的应用系统总量已经达到 114 个，其中难免存在功能重合、不适应时代发展和读者需求的情况。"十三五"时期，国家图书馆将对应用系统进行优化整合，为应用系统"减肥"，提升应用系统对图书馆业务和服务的支撑水平。同时进一步采用分布式存储架构和云存储技术，构建开放性、拓展性、可复制的存储系统，保证海量数字文化资源的长期保存和高效利用。

二是建立自主可控的信息安全体系。本次会议的另一个主题是讨论数字图书馆安全指南，在信息化和网络安全日益重要的今天，也是十分必要的。国家图书馆作为我国重要的文化机构，提高信息安全设施和信息基础软件的自主可控性，对保障我国文化领域的信息安全有着至关重要的作用。"十三五"时期，国家图书馆将继续加强信息安全建设，整体提升信息安全水平。具体措施包括进一步加强应用系统和信息化硬件设备的健壮性和防攻击能力；研究并加强互联网服务中信息资源的安全性，包括知识产权的保护；根据国家部署，逐步开展信息化设施和系统的国产化替代等。

三是探索数字图书馆的智能互联。研究将物联网技术融合应用在智能感知、识别技术、泛在网络的过程中，建立随时连接、随地连接、随物连接的人物互联模式，实现图书馆物理空间管理的智能化、物品管理的有序化；利用近场通讯等新技术，进一步提升图书馆阵地服务的智能化，逐步探索并实现图书馆智能化的管理和服务体系。

5.3 形成普惠泛在的知识服务体系

"十三五"时期，国家图书馆将围绕互联网思维的核心精神，借助最新的信息技术，重构并创新图书馆服务模式，为用户提供泛在普惠的知识服务体系。

一是以"国图公开课"为抓手，全面创新互联网服务。今年世界读书日"国图公开课"正式上线。"国图公开课"借助"慕课"大规模、开放、在线的理念，以弘扬中华优秀传统文化为核心，以国图的资源馆藏为依托，向公众推送多种形态的学习资源，目前已经初见成效。"十三五"期间，国家图书馆将以"国图公开课"为抓手，深化数字图书馆的社会教育职能，创新互联网服务。一方面继续丰富"国图公开课"的资源内容、资源类型，提升讲座的专家性、知识性，以更加贴近用户需求的资源内容吸引更多的用户；另一方面要扩展"国图公开课"的服务形式，以方便使用的方式提供用户在线访问、随时访问的服务，从而扩大公共文化传播的受众范围，以更加新颖灵活的方式传播中华优秀文化。

二是丰富新媒体下的移动服务。充分利用移动终端方便、实用、随身的优势，推动数字图书馆服务与新兴媒体在内容、渠道、平台、经营、管理等方面的深度融合，将国家图书馆服务无缝地、动态地、交互地融入、延伸到一切有用户存在的地方，以多样化、随身化、个性化的服务支持手段，为用户提供无所不在的"泛在图书馆"服务。

三是提供关联有序的知识服务。随着信息技术、网络技术和数据的迅猛发展，信息资源正在逐步被挖掘出其内在的关联性、有序性、知识性。以学科为单位向用户提供更多的专业性更强的数字资源，提供全方位、多层次、更有针对性的信息服务，是知识管理环境下数字图书馆运营管理的必然要求。"十三五"期间，国家图书馆将加强已有文献资源的深度挖掘、知识发现。充分利用知识组织、数据整合、知识发掘、数据挖掘、智能搜索等多种技术手段，建立面向市场需求、适应变化和灵活深入的知识探索机制，发展多种类型的衍生服务，从而提高数字馆藏的利用率和服务范围。

5.4 深入实施数字图书馆推广工程

"十二五"以来，在中央财政的大力支持下，文化部加强公共数字文化建设力度，深入实施了"全国文化信息资源共享工程""数字图书馆推广工程""公共电子阅览室建设计划"等重大数字文化惠民项目，基本形成了覆盖城乡的六级公共数字文化服务网络。

"十三五"期间，国家图书馆将继续利用国家数字图书馆的技术和人才优势，以数字图书馆推广工程为抓手，围绕国家基本公共文化服务指导标准，以公共图书馆数字资源服务为建设重点方向，建设分布式公共文化数字资源基础库群，面向各级各类公共文化服务机构，构建开放互动、共建共享的统一服务管理平台。

在基础设施层面，构建覆盖全国各类文化服务机构的公共文化网络云，以现有的数字图书馆虚拟网和专网为基础，进一步拓展国家数字图书馆的网络范围，支持各类文化服务机构间资源与服务的全面共享。实现基础设施的集中运行监控和统一安全保障，实现全国公共数字文化资源的管理调度和大数据挖掘分析，加快信息知识分享和资源创新。

在资源建设层面，聚合、揭示公共文化服务机构的文化信息资源，汇集优秀传统文化瑰宝与当代文化精品资源，构建中华文化资源总库，提供个性化、精准化服务和跨平台传播。到"十三五"末实现"三个一百"建设目标，即每年向每个公民提供一百种精品电子书、一百种期刊报纸、一百部精品公开课的定制推送和免费下载，为构建全民书香社会与个人终身学习提供资源保障。

在公共文化服务层面，实现国家公共文化信息垂直搜索，提供文化资源、信息与服务的一站式获取入口，将文化信息综合服务按需定制推送给每一个公民，最终建成国家公共文化信息综合服务网络，实现线下群众文化活动服务与线上服务的互补，把数字图书馆服务延伸到城市社区、农村乡镇，促进城乡公共文化服务资源互联互通，努力打通文化惠民最后"一公里"。

六、结语

纵观图书馆的发展过程，一直是变与不变的统一体，从古代藏书楼到传统图书馆，再到复合图书馆，以及数字图书馆，总是随着社会信息环境的改革而处于不断地变化之中。但图书馆所肩负的信息、文化、教育等职能，以有限的信息资源满足用户无限的信息需求的图书馆宗旨是不变的，通过对信息资源体系的维护、发展、开发和利用来促进人类社会文明发展的神圣使命是不变的。

在新的形势下，深入贯彻"互联网＋"国家战略，充分利用新信息技术，推动我国数字图书馆的创新发展，提升数字资源和服务的供给能力，丰富社会优秀阅读资源，建设书香社会，是摆在图书馆人面前的共同目标。

国家图书馆将在做好自身规划发展的基础上，抓住有利时机，顺应时代变革，有效整合各类文化资源，以科技创新提升服务效能，与全国图书馆系统各单位、各级文化机构紧密合作，打造一个互通互联、协同创新的数字文化建设环境，共同构建现代的社会公共文化服务体系。

上海图书馆上海科学技术情报研究所"十三五"数字图书馆建设思路

周德明 陈 超 刘 炜 孙 宇 杨 佳

（上海图书馆上海科学技术情报研究所 上海 200031）

一、背景介绍

1.1 数字图书馆发展环境分析

经过 20 世纪 90 年代的数字图书馆启蒙运动，图书馆作为实现一定社会职能的"制度设计"，并不需要将自己的命运与某种具有历史性的知识载体——图书进行捆绑，电子书、数字文献乃至各类数据，都可以是图书馆的馆藏对象，图书馆甚至可以与载体无关，只与知识内容有关。这种认识使图书馆能够超越特定的载体，而达到某种程度的永恒。基于这种认识，"复合图书馆"作为一种过渡形态，必将发展到"数字图书馆"。在当今信息技术指数级发展背景下，环境分析和趋势研判有助于我们把握自身的定位，制订合理的战略规划以实现组织机构的目标和愿景。基于对相关技术的预测与分析，对当前及今后一个时期所面临的信息环境，我们的基本判断如下[1]：

（1）网络成为公共设施。随着网络普及率接近100%，覆盖所有人口，真正的网络社会已经到来。"谷歌气球"等类似计划将极大降低联网成本，甚至免费。不间断网络已不是梦想，上网也将成为基本人权。

（2）云即服务。人需要的并不是网络，而是服务。网络可以免费，但服务存在的前提是有价值。人并不需要感觉到网络的存在，只需知道有没有服务即可。所有服务都在云上，云能帮助满足人们的所有需求。云在改变服务的形式和各行各业的形态，云使行业合作和互操作成为必须。

（3）万物皆数字。并非指物质世界也是虚拟的，而是说万事万物都可以用数字来表达，用计算机来处理。埃森哲等公司断言："所有的生意都是数字生意（All business are digital business.）。"当前数字信息的爆炸式增长超出人们的想象，"大数据"应运而生。智慧不再局限于人类个体的大脑，群众智慧将集合所有人的智慧。

（4）万物互联。移动互联网普及之后，物联网将连接所有设备，电脑将小至红细胞、白细胞一般大小而遍布地球的所有角落。所有设备都是专用电脑，机器人工业将超越汽车工业成为人们的日常所需。

（5）体验为王。无论是线上的各类服务，还是线下的各种活动，能否提供良好的体验是成功的要素。个性化又是良好体验的要求，大数据分析提供了个性化的可能。个性化又将导致多生态和部落化，不同社群的差异性越来越大，"鸡同鸭讲""鸡犬声相闻而老死不相往来"的情况将在不同网络社群中普遍存在。

中国工程院院士邬贺铨把当今时代总结为"大智移云"的时代，即以"大数据""智慧城市""移动互联网"和"云计算"为特征的时代。CNNIC 在 2014 年 7 月的互联网发展报告中指出，目前使用手机上网的网民首次超过使用 PC 上网的数量。我们当前处于移动互联网初期，这一点是毋庸置疑的，下一阶段应该是物联网（Internet of Things）乃至万物互联（Internet of Everything）阶段，它们构成智慧地球或智慧城市的基础[2]。这是对互联网发展形态的历史划分，而"大数据"和"云计算"之类的概念是当前移动互联网的技术特征，类似的技术特征还有"社会性网络""语义技术"等，可简称为"大社云语"，这是当前移动互联网阶段的技术特征，可用来描述这个特定的历史阶段。

数字图书馆正面临着全面深化改革的关键期，各类技术的发展引领图书馆进入"新常态"新变化时代。我们需要抓住加快建设科技创新中心的机遇期，去迎接新趋势新挑战。在"互联网 +"时代，图书馆情报事业发展与社会发展对图书情报的需求紧密相连，要吸取社会各方面意见，明确我们能做什么，要做什么。需要向社会宣传、揭示能力，时刻保持危机感和紧迫感，掌握"新常态"，抓住全面改革的关键期。同时也要把握住目前情报服务转型的机遇期，构建自己的平台，为城市发展目标构筑面向企业、面向决策的服务支持。信息技术发展基于大量数据积累和分析工具，要抓住新趋势所带来的挑战，实现全面整合，发挥机构作用。

1.2 图书馆技术应用前瞻

在信息技术革命的大潮中，所有行业无一例外都受到影响，分解、重组、跨界、融合是常态，创新无处不在。图书情报机构以信息服务为业，更是受到各类信息技术的直接影响，然而并非所有技术的影响都是等量齐观的。为考察具体哪些技术对我们行业未来十年有重大影响，我们参照盖特纳趋势曲线的研究方法，经过环境分析、文献调研和专家访谈，初步得到 35 个与本行业未来十年的发展较为相关的技术或技术应用领域，分为服务相关技术、行业性应用技术、资源组织技术、应用系统和与图书馆新形态相关的技术应用五大类（见表 1）。

表 1　图书情报相关的新兴技术应用

服务技术	行业应用	资源组织	应用系统	图书馆新形态
iBeacon	云计算	RDA	发现系统	无人图书馆
NFC	Web APP	SKOS	数字阅读平台	移动图书馆
RFID	移动 APPS 应用	本体	数字人文及	智慧图书馆
二维码	HTML5	关联数据	e-Science	全自动密集书
位置服务		书目框架	下一代图书馆	库
3D 打印服务		大数据	自动化系统	创客空间
BYOD		内容分析	电子书	
游戏化		替代计量学	数据服务	
SNS				
微博				
微信				
智能参考问答				

服务技术多为将颠覆我们服务形态的技术，涉及直接与读者交互的各种技术，提醒我们这个行业在网络时代，要将消除用户的信息鸿沟作为我们的立足点；行业应用涉及图书馆基础设施方面的改变，影响着整个行业的业态，甚至会颠覆上下游产业的连接方式；资源组织技术历来是图书馆的核心竞争力，目前结合万维网和大数据的进展，将颠覆我们在资源获取、组织、检索利用和评价方面的传统做法；应用系统则是我们这个行业近年来面临的解决方案升级和支持开展新业务的软件；图书馆新形态中涉及的名词比较宏观，目前也大多没有定论，但却属于受到较多关注、代表一定趋势、有待进一步定义和丰富的技术领域。

　　通过调研最终形成了图书馆关键技术潮流曲线（见图1[3]）。专家认为将于近期（小于2年）得到普及的技术有Web App、

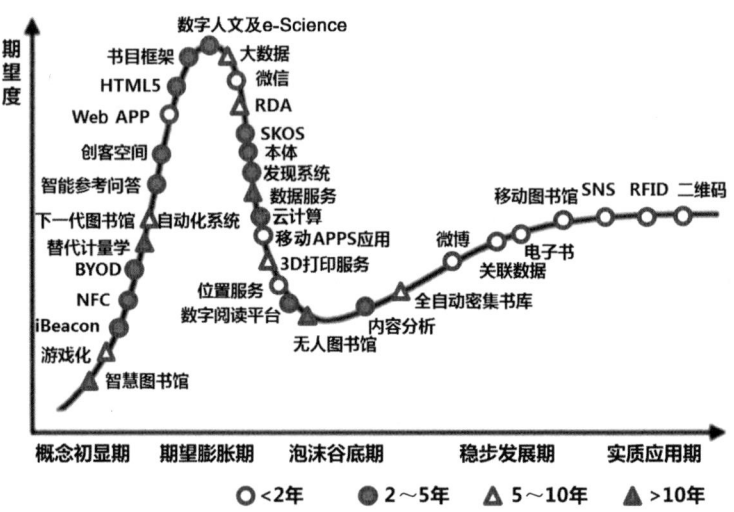

图1　图书馆关键技术潮流曲线

微信、移动 APPS 应用、位置服务、微博、关联数据、电子书、移动图书馆、SNS、RFID 和二维码等；在中短期（2～5年）可能得到应用的有 iBeacon、NFC、BYOD、智能参考问答、创客空间、HTML5、书目框架、数字人文及 e-Science、SKOS、本体、发现系统、云计算、数字阅读平台和内容分析等；在中长期（5～10年）可能得到应用的技术有游戏化、新一代图书馆服务系统、大数据、3D 打印服务和全自动密集书库等；长期可能实现的有智慧图书馆、替代计量学、数据服务和无人图书馆等。

1.3 图书馆相关技术应用的六大趋势

图书情报领域当前的大趋势，很大程度上受到信息技术潮流的影响，但也不能忽视社会需求和事业本身的内在逻辑，而且这种内在逻辑常常受到社会、经济、文化多种环境因素以及国情的影响。

趋势一：网络是图书情报服务的主战场。这并不是做一个网站，或把传统服务用 Apps 形式来实现这么简单。所有资源都可以通过网络提供，所有的服务都可以通过移动设备提供，读者的网络环境是 $24 \times 7 \times 365$ 的，图书馆的服务也是不间断的；读者可用任何设备随时上网，图书馆也提供任何方式的无缝连接；读者需要的是直接满足需求的服务，图书馆也把其资源和能力打包成云服务的形式提供。"一切在网上"对图书情报机构来说有三方面的含义：（1）提供了上下游行业的新业态：产业链重组，角色重新分工；（2）提供图书情报行业深度整合、共建共享的新机遇。未来大馆小馆在云环境下连为一体，各自分工，这种变化呼唤法律（如知识产权和事业单位法律地位等）

和体制上的创新；（3）提供各类资源（包括信息资源、人力资源等）多种形式合作的可能。例如美国哥伦比亚大学和康奈尔大学开创的 2CUL 模式，图书馆界共享技术和编目人员之类。

趋势二："数据"是图书馆资源的基本类型。所有资源都有数字化版本，所有资源都是某种格式的"数据"，可由图书馆系统进行统一管理；数据管理不仅管理数据的组织、检索和提供，而且包括数据的生命周期完整过程；资源的多元化，不仅表现为数字资源的种类和格式繁多，而且表现为"数据化"和"关联数据化"，即结构化和语义化；前所未有地支持用户产生数据（UGC）。所有这些，带来图书馆资源建设的"大数据化"，传统文献资源的比重越来越小。

趋势三：智慧图书馆成为新的建设目标。随着移动设备和穿戴电脑的普及，以及各类信息感知技术、增强现实和大数据分析的采用，图书馆服务的智能化水平将大幅提高。基于位置的自适应服务、普遍的移动设备支持、响应式网页设计、自动参考问答、个性化推荐等技术的广泛采用，甚至能做到还没有提出要求就得到满足，还没有提问就得到回答。传统的印刷资源越来越多地采用密集型智能书架方式进行管理，藏用分离，需要时由全自动的机械手取用，节约出来的空间改造成知识交流的活动空间。这种趋势使实体图书馆与虚拟图书馆服务的边界逐渐模糊，阮冈纳赞的五定律理想将最终得以实现。

趋势四：书目控制的理想照耀着下一代互联网。整序人类的所有知识是图书馆与生俱来的梦想。图书馆分类编目、主题标引等工作提供了知识组织的基本方式，长期以来一直是我们这个行业的核心能力。它与万维网协会（W3C）推出的下一代语义万维网技术（元数据、本体、资源描述框架等）具有天然的相关性，利用后者，将分类法、主题词表以及传统文献资源的各类 MARC 数据发布于网络，并利用语义技术标注和关联网络资源，使信息语义化。更多的语义信息得到重用和链接，实现知识内容本身的智能化，产生关联，具有语义推理和逻辑判断能力，图书馆知识组织的核心能力能够在网络世界发扬光大。

趋势五：图书馆作为一种空间的价值得到重新定义。传统图书馆资源、空间和服务是三位一体的，而剥离了资源之后，空间的服务对于证明图书馆实体（主要是建筑）的价值，变得尤为重要。这其实用不着证明，图书馆历来就是一个学习的空间，是一个面对面交流和创造的场所，肩负消除信息鸿沟和数字鸿沟的责任。围绕着这些固有的职能，近年开展的"无书图书馆""创客空间""新阅读（数字阅读）体验"等新业务层出不穷，讲座、展览、会议等现有的服务形式更加得到创新发展，图书馆的空间再造运动从很多方面正在重新定义图书馆。

趋势六：读者是图书馆的主人，图书馆是读者的天堂。各类型图书馆分化严重，大小型图书馆差别巨大，图书馆的多样性充分体现，满足各类读者千差万别的综合、多元或个性化的需求。可能某研究图书馆无法接待上门读者，因为根本没有对外服务和办公场所；而大量的社区图书馆与咖啡馆无异，但承担城市图书馆体系服务末梢的功能，大量的借还流通和读者培训都在此进行；国家图书馆继续包罗万象，而附近的无人图书馆只是一个凉亭。所有图书馆背后都可以有行业的联合，大馆牵小馆，各司其职，服务社会。馆员可以是粉丝无数的服务明星，也可以是社区志愿者，读者利用虚拟空间结识，成立兴趣小组或读者俱乐部，在各类平台上实现各种自服务。不论是虚拟空间还是真实空间，读者在其中建立连接，产生灵感，交流知识，读者把图书馆作为"翻转课堂"，成为真正的主人。

1.4 "十三五"时期展望

"十三五"时期，是全球图情行业创新驱动发展的重要时期。以大数据、云计算、物联网、移动互联网和信息物理系统等为代表的新一代信息通讯技术正在掀开人类信息化进程新的篇章，无所不在的信息社会正在到来。以互联、智能、高效、便捷为主要特征的图书馆智慧化进程已经开启，正在对现在和未来的公共图书馆服务形态、服务模式、服务内容起着深刻的影响。图情行业将呈现以下发展态势：网络将成为图情服务的主战场；阅读服务和图书馆空间价值获得重新定义；"数据化"趋势正深刻改变图情服务范式；智慧图书馆成为新的建设目标；科技情报服务支撑创新和支持决策的两大功能进一步凸显，公共图情服务进一步呈现"普及化"和"智库化"的发展趋势。未来图情事业的发展应在坚守公共图情服务的核心价值理念基础上，牢牢地把握科技进步大方向，充分利用网络空间和信息技术给公共图情服务与管理带来的机遇，实现复合型图书馆和科技情报智库的创新转型和智能化升级。

"十三五"时期，是我国全面建成小康社会决胜阶段，是建设社会主义文化强国的关键时期，也是公共文化服务体系基本建成的重要时期。我国发展仍处于可以大有作为的重要战略机遇期，也面临诸多矛盾叠加、风险隐患增多的严峻挑战。对于公共文化服务发展，中共中央办公厅、国务院办公厅 2015 年发布的《关于加快构建现代公共文化服务体系的意见》和《关于做好政府向社会力量购买公共文化服务工作的意见》，确立了图书馆在公共文化服务中的地位与作用，更赋予图书馆新的历史使命，对完善公共文化服务供给体系，提高公共文化服务效能，建立健全公共文化服务购买机制作出了重要部署。党的十八届五中全会审议通过的《中共中央关于制定国民经济和社会发展第十三个五年规划的建议》，提出完善公共文化服务体系，推动基本公共文化服务标准化、均等化发展，创新公共文化服务方式等具体要求。2014年以来，国家还印发了《国务院关于加快科技服务业发展的若干意见》和《关于加强中国特色新型智库建设的意见》，首次对科技服务业发展和智库建设作出全面的战略部署，为科技情报事业创造了重大发展机遇。同时，经济发展进入新常态，GDP保持中高速增长、产业结构转型升级、户籍人口城镇化率加快提高、整个社会进入老龄化，这些都构成图情事业未来"新常态"的背景和环境。

二、数字图书馆的发展方向思考

2.1　智慧图书馆

"智慧图书馆"是指各类感知技术、物联网技术、大数据挖掘和分析技术的应用，使图书馆能够更加智能地实现其功能，具有"智慧"地向读者传递其所收藏、保管和整理的智慧的功能。智慧图书馆最终要实现让任何用户（Who）在任何时候（When）和任何地方（Where），通过任何设备（How）获得图书馆拥有的任何信息资源（What），而背后的智慧，体现在解决为什么（Why）的问题，即系统对上述4W1H问题进行判断。

未来的数字图书馆要进行随时、随地、情境敏感的服务，必须要能够感知用户的位置、特性、偏好等信息，同时要能够根据用户的聚类信息，与相应的图书馆资源和服务进行匹配，让系统自动地做出推荐或给出最优的服务路径。未来的服务应该是基于 SoLoMo 的，SoLoMo 是 Social-Local-Mobile 的缩写，意指社会化（Social）、基于位置（Local）和移动化（Mobile）服务。SoLoMo 是智慧图书馆的基本表征，是结合了最新信息技术的综合性网络应用，涉及移动通信、无线网络、社会性网络、数据挖掘、智能感知等各类物联网相关技术，具体包括数字地图、移动定位、近场通讯（NFC）、二维码（QR）、群体智慧、云计算、Ipv6、语义网等新技术。当然不是每一个"智慧图书馆"都必须应用所有这些技术，但只要应用其中的一部分，实现一定的智慧服务都可以堪当"智慧图书馆"的称号。未来图书馆所有的信息服务，首先必须支持移动设备。因为未来用户的信息环境是一个跨越时空的综合体，所有的设备只是接入这个环境的入口和工具而已；其次对于移动服务来说，位置信息的获取非常重要甚至不可或缺，目前的手机、平板电脑乃至各类穿戴设备都支持位置的感知，然而如何结合图书馆的服务，是需要有一定创造力的；第三是通过对社会性网络应用的支持，加强交互、优化体验，提供精准服务。

数字图书馆的智慧服务除了需要引入上述物联网的相关技术之外，其独特的内容管理和知识组织的相关技术也具有巨大发展潜力，例如资源整合技术、关联数据技术和智能内容（Smart Content）技术等，对未来图书馆的"智慧性服务"将有可能产生颠覆性的影响。目前的图书馆正在从传递载体向传播内容（不管是什么形态和格式）转型，内容的细粒度化、跨媒体化和语义化趋势，正在深刻地影响着图书馆对于内容的描述、揭示与组织，这些技术有望成为未来图书馆在提供智慧服务时的杀手锏。

智慧图书馆的建设从技术上来看，需要经历移动化、社会化和智慧化三个大致步骤。智慧服务是智慧图书馆的本质特征，自动感知、情境相关和基于语义是智慧图书馆服务的三个重要特点，而 SoLoMo 扩展了智能服务的范围和空间。采用 RFID 技术只是它的初级形态，RFID 的应用能够实现初步的自助办证、自助借还、智能盘点、馆藏架位智能管理、智能安全门禁等功能，这些应用目前已经成熟，下一步则更加重要，即要创造性地综合应用各类 SoLoMo 技术，实现书与书、书与人、人与人全面的关联，以便实现全面的智慧服务。

2.2　基于"新一代图书馆服务系统"

业界的开发和应用现状表明，"新一代图书馆服务系统"正呼之欲出，有的称为"图书馆服务平台"（LSP：Library Services Platform），有的称为"全网域管理解决方案"（WMS：WebScale Management Solutions）、"一体化管理系统"（UMS：Uniform Management Systems）、"统一资源管理"（URM：Unified Resource Management）系统等等。不论什么名称，其实质还是一样的，就是对现有的、以纸质文献为主要馆藏的图书馆业务和服务的一种升级。

"新一代图书馆服务系统"之新，主要体现在如下三个方面[4]：

（1）"全媒体"资源管理能力。传统 ILS 围绕印刷型馆藏而设计，而新系统除继续支持印刷型馆藏的管理之外，还纳入了数字馆藏生命周期管理，以及适应复合型图书馆管理而发展起来的"电子资源管理（ERM）系统"，进一步进化为统一的资源发现系统，成为真正适应数字图书馆需求而提供业务和服务支撑的资源管理平台。

（2）完整的、媒体无关的业务流程管理。传统 ILS 以MARC 数据的处理为核心和工作流控制，MARC 能够涵盖所有"传统的"资源类型，但不适合数字资源描述，ERM 可以管理"电子资源"，但不包括采订流程，而新系统必须支持完整流程和各类全新的开放元数据格式和数据交换协议，才能涵盖所有数字资源业务管理的需求。当然因为新媒体资源会不断发展而层出不穷，业务流程和模式也会千差万别，因而新系统在考虑工作流程的统一性基础上，"灵活可定制"的需求也是必须考虑的，面向服务的架构（SOA）正是最适合的方式。

（3）全新的"资源发现"能力。传统 ILS 以图书馆的业务处理为出发点和着眼点，注重流程的规范化，书目检索系统（OPAC）是向读者提供的唯一工具。而新系统以读者的行为为中心进行设计，强调各类资源的统一揭示和"发现"能力，提供更多的分面乃至可视化展现，具有类似于搜索引擎"一键直达"的检索以及提供多种入口的"二次发现"工具，系统的体系结构更加灵活、模块化程度更高。可以说资源发现的界面就是新系统的 OPAC。

从技术上看，"新一代图书馆服务系统"的最大特点有两个：

（1）采用 SOA（即"面向服务"）的架构：主要指一组松散耦合的（可以是分布式的）组件在各自完成各自功能的基础

上，还能提供一些基于组件之间彼此通信的"额外"的服务。这里的通信就是指数据交换，并且能彼此协调合作。SOA 通常是一种 Web 服务，多系统的互操作和共享数据普遍采用开放 API 方式，使得系统不依赖于软硬件，不依赖于特定开发商，系统的迁移升级能够逐步进行。

（2）采用云计算技术："云"服务不仅是 IT 技术和应用的最新趋势，也将是图书馆事业发展的必然选择。与这个行业的特点——公益性、共建共享以及集约化——是密切相关的。云计算技术能够在多个方面强化图书馆行业的整体性和服务的协作性，例如信息资源的全域管理和发现（例如 DOI 之类的统一标识管理）、服务的全球化和 SoLoMo（社会化本地化和移动化应用）等，涉及图书馆业务和服务方式的根本性变化，这些都将逐步体现在"新一代图书馆服务系统"中。

梳理"新一代图书馆服务系统"所需支持的最有特色的服务，应包括以下几类[5]：

（1）阅读服务。作为图书馆的最基本的服务，阅读服务能否成功实现数字化转型，几乎成了图书馆转型成败的关键。当数字出版已成为内容生产的主要来源，数字阅读已成为读者最常见的阅读形式，作为中介的图书馆其实已别无选择，必须向上下游同时突围，向上游密切关注自媒体、自出版等非传统内容出版渠道，向下游做好用户体验和阅读推广，紧紧依靠庞大的用户基数在产业链中争取一席之地。数字阅读必然是支持移动和多媒体的，也必须具有社交和互动功能，这些功能都需要阅读平台的完美支持，因此图书馆如果要从事数字阅读服务，它的平台必须在现有流通服务的功能上做很大的延伸和拓展。

（2）空间服务。数字时代如何证明图书馆建筑空间依旧重要，已成为捍卫未来图书馆实体形态重要性的严肃课题。以资源为中心的传统图书馆主要是纸本馆藏，其业务流程必须在物理空间中完成，突显了载体与形态的捆绑，而掩盖了图书馆服务也需要空间这样一个事实。数字资源虽然幻化于无形，但其管理、处理、加工、利用和交流还是一样需要空间的，特别是人们面对面的交流更加重要。以服务为中心的数字图书馆不仅需要管理虚拟知识空间的物化形态，更需要适合不同应用场景的空间，以便于人们的知识交流。传统图书馆的会议、讲座、展览空间即属于此类，近年来不断兴起的主题图书馆、知识共享空间、学习空间、点子商店（Idea Store/Shop）、创客空间、黑客空间、媒体实验室等，都是有益的尝试。其目的在于促使各种形态的知识与人群进行交互，从而起到学习、交流、信息素养教育、脑力激荡和创新创造的作用。图书馆的空间是物理实体空间与虚拟知识空间进行交互的场所，也就是 O2O（Online to Offline，即线上至线下）的界面。在数字时代，图书馆作为一种空间的价值正在引起高度重视，这方面的研究和实践正在成为热点。

（3）知识服务。图书馆一直是从事知识服务的，然而确切地说，现代图书馆主要是通过知识载体服务来提供知识，而数字图书馆让我们看到提供真正的知识服务已成为可能。馆藏的细粒度化和数据化，直接造成图书馆与情报服务的同质化，于是情报服务几乎放弃了内容揭示与载体提供的服务，而向竞争情报、决策情报、技术情报等专业性深度咨询方向发展，而图书馆则扛起了知识服务的大旗。在形式上，更加贴近用户，从服务流程上建立学科馆员或主题馆员制度，融入科研或教学过程；在内容上，实现数据化和语义化，以用户需求为导向，建立包含各类数据资源、软件工具和服务功能的系统平台，支持数据庋藏、机构库建设、自出版、统计分析以及可视化展示等；在知识组织方面，越来越多地采用语义网技术，合作开发可重用的关联开放数据集，建设并丰富知识服务所需的基础架构和基础设施。

除了上述三方面的服务之外，另两类图书馆惯常的服务类型——咨询服务和典藏服务，也对新一代服务系统有一定的要求。咨询服务更加依赖于各类知识库和分析预测系统的建立，跟踪简报的制作流程可在一定程度上实现半自动化，面向普通读者的参考咨询可以采用具有人工智能和自学习能力的机器人（目前这方面的技术已经成熟）来实现。典藏服务肩负图书馆的永久保存职能，对具有大量特色资源的图书馆来说依旧非常重要，特别是对于数字资源的永久保存。虽然我们迄今为止还没有相应的法规和制度保障，但这是图书馆职业的一种基本要求，也是数字时代我们必须应对的一种挑战。

三、上海图书馆上海科学技术情报研究所"十三五"规划

3.1 "十三五"发展目标

3.1.1 指导思想

高举中国特色社会主义伟大旗帜，全面贯彻党的十八大、十八届历次会议精神和习近平总书记系列重要讲话精神，按照中央关于"十三五"规划建议的精神和上海市"十三五"规划的总体要求，在全力推动"四个全面"战略布局进程和构建现

代公共文化服务体系的实践中，奋发有为、开拓创新，为上海基本建成国际经济、金融、贸易、航运中心和社会主义现代化国际文化大都市，加快建设具有全球影响力的科技创新中心，提供可持续的、有国际竞争力的公共图情服务，引领上海图情事业创新转型发展。

3.1.2　发展主题

全力实施"智慧（intelligence）""包容（inclusiveness）""连接（interconnection）"（"3i"）转型战略，全面构建图情一体化知识服务体系。

3.1.3　发展主线

深化"云中上图"与情报服务，打造智慧型图书馆和新型科技智库；提供平等、包容、开放的零门槛服务，营造倡导阅读和学习的综合性文化场所；注重文化合作与交流，建设更多知识空间，加强人、空间、资源的便捷高效连接。

3.1.4　发展目标

积极推进"上海图书馆东馆"项目建设，努力推动基本公共文化服务标准化、均等化发展，基本建成世界级城市图书馆体系，加快向大数据时代的全媒体复合型知识中心转型。着力营造"连接一切，无处不在"的公共文化空间，提供以阅读服务为核心的丰富多元的文化体验；着力完善服务"大众创业、万众创新"的知识共享空间，提供以图情一体为特色的专业知识服务；着力打造"支撑创新，支持决策"的新型科技智库，提供以科技、产业和文化为重点的情报服务。大力推进世界级城市图书馆建设。

3.2 馆所"十三五"信息化发展规划

　　全媒体时代条件下，上海图书馆上海科学技术情报研究所（以下简称"馆所"）处于从纸质文献为主的传统图书馆向纸质文献与数字资源并重的复合型图书馆转型过程之中，正积极推动以知识导航为核心、图情并重为抓手的知识服务体系建设。"十三五"期间，馆所将建成与上海科技、经济、文化和社会发展相适应，充分保障馆所履行地区综合性、研究型公共图书情报联合体职责的资源体系，兼顾各层次读者的阅读需求，采集服务大众读者与专业人员的文献信息资源，包括网络数字资源、科技创新研发资源、科技智库研究资源等。馆所信息化工作应处理好技术发展、图情服务、业务管理三者关系，面向用户需求，加大投入升级信息化基础设施，调适信息技术构架，梳理整合数字服务资源，重点推进上图东馆建设。

　　以"云中上图"建设为抓手，实施馆所信息化基础设施升级改造，搭建云计算构架，推动终端移动应用，从整个上海公共图书馆体系信息化发展的高度关联"中心"与"全网"协调发展。以资源发现系统分步实施、新一代图书馆服务系统调研升级为重点，深化知识组织与挖掘方法应用，加强馆藏数字资源的内容揭示、服务管理、应用整合，推进信息化关键应用取得质的飞跃。以提升用户信息获取体验为突破，推进面向市民公众的数字阅读服务、面向专业研究的主题知识服务、面向高层决策的渠道创新服务，对接馆所现有"三个面向"服务层次与"三大合作"网络体系，开启"信息化三个面向"新局面。

以深化管理为支撑，通过机构设置实现组织保障，加强流程管理与质量监督，推行项目绩效评价，强化人才队伍建设，确保信息化相关任务得以落实。

3.2.1 深化"云中上图"建设，打造智慧型图书馆

"十三五"期间，馆所将积极实施"互联网＋"战略，实施馆所信息化基础设施升级改造，搭建云计算构架，推动终端移动应用，从整个上海公共图书馆体系信息化发展的高度关联"中心"与"全网"协调发展。

图书馆信息化工作涉及支撑体系、服务体系、管理系统及数字资源建设等数个方面，由此形成的工作系统建构出实现数字图书馆发展目标的核心要件。随着信息化工作的全面开展、数字图书馆建设的深入推进，将当前 IT 技术与全球图书馆发展相结合，馆所提出"云中上图"。"云中上图"不是走全盘虚拟化路线，而是馆所信息化战略中资源、平台、服务、管理、技术等方面的有效协调和分布实施，是与现有业务体系、上图东馆项目、上海市公共图情体系等形成的有效的逻辑呼应。处在当前馆所信息化工作的"前锋"地位，"云中上图"是对与实体图书馆建设互为补充、并行发展的信息化工作简约的概括，是今后较长一段时间馆所信息化工作的努力方向。在信息化、数字化、移动化的技术发展背景下，"云中上图"不仅要让在馆读者／用户更通畅地使用馆藏文献信息资源，更方便地获得馆所图情服务，并探索上述资源与服务在广域网范围的合理延伸，也要努力为馆所员工营造良好的信息使用、领域研究及工作服务环境。

3.2.1.1　基础设施建设

实现核心层和汇聚层部分重要区域的万兆交换，中、长期目标是实现汇聚层万兆交换，桌面层千兆交换。直属分支机构使用各类电信专线与总馆直连，并逐步提高与各分支机构的连接带宽。在确保网络链路整体稳定性基础上逐步提高中心图书馆体系中服务点与馆所间的连接带宽。

计划用 3 年左右时间将互联网出口带宽增加至 500～600 M，同时引进不同网络服务商的出口线路以避免单点故障，提高出口带宽的抗风险能力。针对 UPS（不间断电源）供电不足的问题以及应对未来局部增加刀片服务器等高密度设备的实际情况，馆所主机房 UPS 的额定容量应至少扩展至 120KVA，同时至少升级至停电后能维持 2 小时的供电时间。升级馆所现有网络安全系统，满足复杂多变的网络安全需求。

3.2.1.2　存储系统虚拟化

通过现有存储挖潜与新增企业级高性能存储设备相结合的方式逐步组建 NAS，通过增加 SAN FC 交换机建设高速 SAN 子网，形成一个或若干个大、中规模的集中化存储机群，建立基于 NAS 和 SAN 架构相结合的存储体系，解决馆所存储设备管理分散、利用率低、维护成本高等问题，达到 200 TB 在线存储、500 TB 近线存储、1 PB 离线存储的存储能力。

3.2.1.3　统一的虚拟化系统管理平台

通过新增中、大规模的虚拟化平台设备，构建跨异构平台的虚拟化数据中心基础架构支撑和相应的智能化综合管理监控平台，形成能够承载服务器虚拟化、桌面虚拟化、存储虚拟化、自建数字资源服务平台、数据安全的智能化私有云基础架构管理平台。同时加强大容量及在线、近线与离线等分级的后备与长期保存设备及相关载体的建设，建设完善的资源注册与调度系统，支持数字文化资产长期保存的需求。

3.2.1.4 虚拟桌面服务系统

针对 PC 机管理分散且效率较低的问题，在虚拟化数据中心平台基础上进一步实现馆所虚拟桌面服务体系，分步实现对读者服务用机和工作人员用机的虚拟桌面服务。

3.2.1.5 完善中心图书馆云平台建设

大力推进市和区县图书馆的"一卡通"网络设施和网络安全建设，加强开放互联，提升"一卡通"书目馆藏联合检索系统和馆藏定位搜索能力，实施"一卡通"地图与线上线下服务的融合联动。实施中心图书馆"一卡通"服务系统的扩容、升级，逐步向大型居住区配套建设的图书馆延伸和联网。建设中心图书馆区县分馆云服务子系统，提升"一卡通"全方位服务能力。"十三五"期间，全市全年"一卡通"流通量达到 7 000 万册次，"一卡通"书刊保有量超过 1 500 万册。以上图东馆建设为契机，运用物联网技术和线上线下融合服务，推进市、区县 24 小时无人自助图书馆建设。加大中心图书馆新技术应用和主题图书馆数字化建设，打造"众创空间"，激励创意与创新，加快建设上海公共图书馆地方文化和特色资源数据库群。全面对接"文化上海云"平台。

3.2.1.6 建设数据中心和网络数字化服务支撑中心

深化知识发现和数据应用，支撑创新空间和产业图书馆的知识导航与集成发现服务；大力推进知识发现系统的远程及联合服务，构建海量数字资源库群、大规模元数据和关联数据群，知识发现系统整体服务量较"十二五"翻两番。建设面向知识交流的数据中心，深化内容挖掘与内容分析关联服务，实施资源数字化向资源数据化转型。推进馆藏数字人文知识库建设，利用云计算、大数据、语义技术对大规模、多种类的数字资源进行内容分析和知识组织，辅助人文研究，提供面向内容和知识的精准服务。夯实支撑中心图书馆和协作网，馆际互借和远程服务，行业情报联盟服务网，国际文化交流网的信息基础支撑体系，拓宽互联网通道，建设绿色机房，扩容云存储空间。推进数字资源长期保存体系建设，实施"数字典藏与保护计划"，加强海量数字资源和数据的保存、保护与利用。全面构建城市图书馆网络安全综合保障体系，深化与国家网络安全保障体系和城市安全与应急管理体系的服务对接。

3.2.1.7 深化智能化图书馆支撑环境建设

推进"读者2.0"综合服务管理平台和"我的图书馆"系统升级换代，支撑读者线上线下融合服务和统一服务集成入口，持续提升读者个性化服务能力。全力推进上图东馆配套的读者综合服务管理平台和"我的图书馆"系统建设。对接智慧城市建设和智慧生活服务，加大智能感知和泛在服务环境建设，实施图书馆空间连接再造，构建人与空间，人与资源的连接应用。完善读者自助服务，进一步提高自动化服务比例。运用物联网、大数据技术，通过云平台支撑，实施面向移动服务的客户端、新媒体服务系统矩阵和网站群联合服务，网站群整体访问量较"十二五"提升 50%。聚焦支持微型和智能传感器、短距离通信、智能系统等领域关键技术的应用示范，推进移动自助和自带设备的全域服务。推动与新型显示、智能终端、可穿戴设备等行业对接，创新智能化产品应用和服务模式。以大数据可视化模式构建面向个人、行业、政府的图书馆数据服务平台，开放数据接口，提高图书馆数据使用效率。全力推进上海图书馆东馆配套的智能化图书馆建设。

3.2.2 积极推进新一代图书馆服务平台建设

开展咨询、试验、测试，启动新一代图书馆服务系统调研，形成具有完整性及说服力的项目申请报告，力争在"十三五"内完成项目立项，实现馆所及中心馆图书馆服务系统升级。

基于改进读者、用户及馆员信息获取体验，从受众实际需求和数字资源现状等方面分步实施资源发现系统。并联馆所参考咨询、文献传递等已有服务内容，上线具有上图特色的资源发现系统；面向科研、决策和企业用户整合数字资源，组建联盟重点服务市属高校、科研院所的研发工作，进一步明确各类数字资源的用户范围，扩大数字资源使用率，有针对性地向联盟内部的用户推广数字资源的使用，进而提供知识发现服务，推进学科情报服务；提升"上海年华"项目层次，探索"上海学"文献数字人文研究的可能性，整合外购、自建及网络开源等数据资源，探索中外文并联发现的技术途径，推动历史文献统一检索平台分阶段建设。

3.2.3　科学规划、合理布局，全面加强数据资源与数字资产管理与保护

开发基于大数据资产的信息管理服务系统，为馆所海量数据资产提供统一的大容量存储资源池以及长期保存的硬件平台及管理系统，统一进行数据转换、数据清理、数据抽取、数据集成，形成数据仓库。进行数据分析与挖掘，产生统一报表，评估各资源使用情况，提高资源使用效率，改善采购科学决策。利用关联数据、聚类分析等进行交叉研究，实现热点预测。利用信息可视化等手段进行阅读推广活动的创新尝试。

加强典藏资源的研究与保护，完成数字资源灾备中心建设。灾备中心面积 200 m^2，初始保存容量 400 TB，计划年增长 50 TB，可确保未来 15 ～ 30 年的数字灾备需求。"十三五"末，馆藏特色数字资源达到 600 TB，完成馆藏特色资源的数字化灾备，为特色资源的数字化开发利用提供有力保障。建立数字灾备实验室，研究媒体与信息方面的最新进展，包括访问形式、存储格式、内容要求及保存方法等，对珍贵文献的数字化保存、检索、利用提供科学建议。

3.2.4　推进面向市民公众的数字阅读服务

深化上海市民数字阅读推广，加强手机图书馆建设，升级导航门户，优化网上联合知识导航，丰富讲座展览信息，推进数字文化建设，提供无障碍网络服务，呼应在场阅读与延伸服务，提升公共服务质量。运用"图书馆＋"战略，主动服务所有的人群，实现全天候服务，把阅读文化服务和元素送入一切可以进入的领域和行业、机构和场所。

3.2.4.1 大力发展数字阅读，推动书香社会建设

"上海市民数字阅读推广计划"，巩固"上游购买、中游整合、下游推广"模式，推动具有经典性、时代性、主题化、读者导向等特征的市民阅读，使市民数字阅读推广成为面向市民公众的服务应用的一面旗帜。发挥微博、微信等新平台在图书馆服务中的应用，加大移动阅读服务研发。通过局域网、远程访问、信息推送等方式向读者尤其是专业研究者开放部分已完成数字化的家谱、古籍善本、民国图书、近代中文报刊、定制咨询报告等文献资源，拓展数字阅读的广度与深度，让读者能更便捷、更高效地利用馆藏文献，推进馆藏特色资源最大限度地为社会各界所分享。

3.2.4.2 强化用户体验，打造面向公众的服务平台

整合馆藏图书的揭示与服务，实现中外文献书目数据数字化。探索 RDA、Bibframe 等支持语义技术的联合编目，促进元数据应用，提高联合编目竞争力。加强信息服务在手机终端上的可获得性，提供便捷、安全、个性化的信息服务。进一步整合馆所网站资源，对服务指南、馆藏特殊文献、电子资源导航等导航门户进行升级改造，体现使用便捷、内容揭示清晰、应用辅导有效的功能。主门户网站以"我的图书馆"服务为主体，利用服务与相关资源整合以及个性化的设置，为读者提供个性化的网上图书馆服务。深化参考咨询服务，完成"网上联合知识导航站"三期升级改造建设。充分发挥上图讲座、上图展览的社会影响力，做实内容挖掘，探索技术合作，加快虚实结合的"讲座图书馆"建设。对接国家"数字图书馆推广工程"，完善全国文化信息资源共享工程上海分中心网络，形成以"上海

数字文化网"为平台的规模化资源传输服务模式。实现元数据统一管理及多个主题馆自建数字资源的集成应用，推进中心馆核心业务开展及全市主题图书馆服务整合。

3.2.4.3 加强数字服务，提升新媒体传播能力

深化实施"互联网+"战略，让数字阅读无所不在。探索全天候、全覆盖的公共文化服务体系建设，通过设计和规划数字化服务方式和形态，留存已有用户，发展潜在用户。完善数字化服务平台，让数字服务伴随着智能移动终端真正实现随时服务，随地享用。提高数字阅读文化产品和服务提供能力，促进优秀传统文化瑰宝和当代文化精品的网络传播。建立数字阅读统计指标体系，稳步提升数字服务的覆盖面。整合、优化图书馆数字化服务功能，推动服务上新台阶。

3.2.4.4 注重新技术应用，强化阅读体验

积极推广新技术在公共文化服务中的应用，借助数字智能终端、移动互联，实现传统媒体、互联网、移动终端以及社交媒体等的全方位发展。利用关联数据、聚类分析等进行交叉研究，实现公众阅读热点预测。重视大数据技术在公共文化服务体系中的应用，对读者多元化的阅读需求进行动态分析；针对读者需求提供丰富的、个性化的服务，注重界面友好、功能丰富，进一步强化读者的阅读体验。

3.2.4.5 推进全媒体公众阅读生态系统建设

深化数字移动阅读平台建设，促进内容、平台、模式、终

端、数据协同联动发展，将上海打造成全国数字阅读高地和优势资源集聚地，数字阅读整体访问量较"十二五"翻两番。构建覆盖数字阅读、数字讲座、数字展览、有声电子书、增强型电子书及电子报刊的全媒体阅读系统，通过关联数据和内容挖掘，利用新媒体的微阅读、微朗读、微讲座社交平台，大力推广阅读，支撑跨媒体的阅读生态系统建设。加强阅读大数据分析与揭示，推进阅读社区建设，深化与各类社会化读书会、书虫部落、敏读会等阅读社区的合作，加强连接读者群的互动交流和分享。建设数字阅读内容加工处理平台、跨屏跨终端跨系统内容管理与发布流通平台。深化无障碍数字图书馆建设，为残障人群和老年读者提供无障碍电子书和馆藏可视化、移动化、实用性的服务。全力推进上图东馆配套的公众阅读生态系统建设。

3.2.4.6　积极推动文化部公共数字文化研究基地建设

　　"十三五"期间，馆所将按照《文化部公共文化研究基地建设合作协议书》要求，围绕公共文化服务体系建设相关领域的最新进展和重大热点，完成相关课题研究任务，组织各类研讨活动，培养公共文化领域人员队伍。在广泛调研和听取意见的基础上，汇聚全国的力量，重点研究基层特别是贫困地区的数字文化服务问题，聚焦数字阅读、数据服务、文化预订、智慧图书馆、创客空间、数字人文等方面，发现创新的案例、模式、产品，复制推广到全国，提升公共文化服务效能。

3.2.5　优化面向专业研究的主题知识服务

　　围绕"e卡通"整合现有资源内容与服务，拓展科技产业和人文社会两个方向，利用统一平台与专业技术手段面向研究提供专业服务。

3.2.5.1　e 卡通电子资源远程服务

切实加强"e 卡通"数字化服务，探索面向广域网的资源整合方式，保障知识产权授权下远程使用专业数据库的技术实施方案，围绕"e 卡通"展开面向专业研究的服务应用。

3.2.5.2　上海情报服务平台与行业情报网

突出知识组织与挖掘，深化情报揭示，加强情报工具的开放应用，推动具有图情合一特点的产业技术研究发现系统建设，提升舆情监测服务水平，为企业创新提供网络资源引导与专业服务，探索在拓宽内容供给、丰富用户交互上的技术路径。

3.2.5.3　"上海年华"项目

规范特藏文献的数字化保存与开发利用，探索基于"上海学"文献数字人文研究的技术发展路径，推动"上海年华"项目深度开发。尝试采用众包、外包等社会参与方式，探索面向公众的历史文献的标引及历史资源会聚。

3.2.5.4　二次文献服务集群

发挥品牌效应，以全国报刊索引为核心，推动中国二次文献中心、近代中国报刊数字资源文献中心建设，提升对各合作机构不同类型二次文献的整合能力和综合服务能力，探索从研究机构向专业个人拓展的模式转变。

3.2.5.5　加大馆藏资源的揭示和开放力度

推进馆藏历史文献整理及数字化，馆内全面开放已完成数字化的善本古籍、家谱、民国图书、近代名人档案、外文书报刊、近代中文报刊等文献资源。深化《全国报刊索引》服务体系，推进二次文献服务中心建设；积极补充和完善馆藏近代报刊文献，增加民国图书、家谱、地方志、稿抄本、古籍等近代及特种文献数字资源品种，打造近代中国数字文献资源中心；深度揭示珍贵文献，建设具备资源发现、文献服务、互动交流等功能的开放型网络服务平台。

3.2.6　加强面向高层决策的渠道创新服务
3.2.6.1　夯基础重拓展，强化决策咨询服务

基于公务网、专网等信息化通道，采用新的存储、传输、呈现介质，探索以"上图专递"系列内参为代表的高层决策信息服务、为人大政协提供常规与两会期间服务的渠道创新。

（1）人大数字图书馆，对接需求、深化合作，推进人大数字图书馆工作稳步发展。（2）两会现场信息服务，响应无纸化要求，创新服务模式，升级信息传递形态，提升两会现场咨询服务水平。（3）城市发展基础数据，依托丰富的馆藏信息文献资源，围绕经济、政治、文化、社会、生态五位一体布局，建立具有馆所特色的城市发展基础数据库，支撑上海城市发展。（4）数据监测预警系统，基于城市发展基础数据，进行数据挖掘与关联分析，开展监测预警工作。（5）国际大都市研究知识库，整合前期丰富工作成果，加强国际对标城市研究，反映重大、热点问题，深化国际大都市研究知识库建设，提升战略咨

询研究服务能力。

3.2.6.2　聚焦特色情报服务，加快智库支撑体系建设

积极运用大数据等分析技术和研究方法，加快国际大都市数据库、新兴产业专利数据库、企业竞争情报数据库为重点的情报知识库建设，打造针对国内外科技创新、国际大都市竞争力跟踪、预警及监测研究平台。大力推进数字人文建设，利用图情合一优势，鼓励跨学科、跨专业的综合性研究，进一步提升研究质量和效率。

四、加强组织建设，构建协调高效的管理及保障体系

围绕管理，通过机构设置、流程管理、绩效评估、人才队伍等工作的开展，为信息化发展目标及主要任务的落实提供保障。

4.1　完善机构设置

通过信息化建设与管理委员会、信息化建设与管理工作小组以及计算机（信息）安全小组，形成馆所信息化工作管理及实施的三层构架，进行顶层设计，制定发展规划，编制信息化预算，审定管理制度、技术规范及重大项目，指导并实施安全保障。组建设在系统网络中心下的数据资源部，配合业务处进行管理。通过授权、整合、管理以及具体实施，推动馆所数据资源的开发管理工作。同时进一步研究适合馆所特性的数字资源管理模式。

4.2 加强流程管理

深化外购、自建及网络开源等数据资源加工与服务，内引外联创新技术开发管理模式，加强标准规范制定、培训、审校、发布等核心业务模块的管理，强化质量监督，确保项目保质保量完成。

4.3 落实绩效评估

加强信息化项目的过程管理和绩效评估，依据立项报告、验收报告和应用效果，评估申报、预评、考评过程指标。

4.4 强化人才培养

加强 IT 应用人才培养，在保障 IT 部门人才需求的同时，也应满足采编、读者服务、咨询研究、文献提供、信息处理等各业务部门的 IT 人才需求。同时政策到位，在制度上保证上述两类 IT 人才的整合，鼓励以项目制形式实现跨部门联合科研攻关。

五、结语

信息化规划作为馆所"十三五"发展规划的重中之重，需要协调各方面的资源与保障，紧密结合馆所的"十三五"规划，才能做好各方面的工作。馆所要充分保障履行地区综合性、研究型公共图书情报联合体职责的资源体系，兼顾各层次读者的阅读需求，加强资源建设和知识组织，提高资源的保障能力，加强典藏保护工作，打造"知识交流共同体"，建设"支撑创新，支持决策"的新型科技智库，同时引领国内外交流与合作，促进知识发展与创新，拓展文化传播路径，扩大知识推广和对外开放，并建设协调高效的管理及保障体系。

"十三五"时期，是馆所全面深化改革的转型关键期、积极参与上海加快全球科技创新中心建设的发展机遇期以及推进"上海图书馆东馆"建设窗口期的"三期叠加"的重要阶段。到2020年，上海将基本建成社会主义现代化国际文化大都市，形成全球科技创新中心基本框架体系，率先建成现代公共文化服务体系，不断完善公共文化设施布局，逐步构建公共文化服务圈，健全公共文化服务配送机制，实现城乡文化一体化；上海将全面推进"文化上海云"公共文化服务数字化建设，市和区县图书馆的服务全部纳入"文化上海云"总平台；"上图东馆"将全面建成开放等等。面对新形势、新任务，馆所要在全面深化公共服务改革的大背景下，围绕"图情并重"的核心思想，牢固树立并切实贯彻创新、协调、绿色、开放、共享的发展理念，以推进"上图东馆"项目建设为动力，以打造新型科技智库和"文化部公共文化研究基地"为契机，聚焦重点目标任务，完善现代公共图情服务体系，为提升全市公共图书馆整体水平、保障和改善文化民生，为助推"智慧城市""学习型社会""国际文化大都市"和全球科技创新中心的建设发挥积极作用。

参考文献:

[1] 刘炜，周德明. 从被颠覆到颠覆者: 未来十年图书馆技术应用趋势前瞻 [J]. 图书馆杂志，2015 (1): 4—12.

[2] 魏大威. 万物互联背景下我国公共图书馆新业态发展思考 [J]. 中

国图书馆学报，2014（6）：22—32.

[3] 曲蕴，杨佳，李妍.图书馆信息技术应用趋势分析 [J].图书馆杂志，2015（1）：13—19，28.

[4] 殷红，刘炜.新一代图书馆服务系统：功能、愿景与对策 [J].中国图书馆学报，2013（9）：26—32.

[5] 刘炜.关于"下一代图书馆系统"的思考 [J].国家图书馆学刊，2015（4）：20—23.

中国科学院文献情报中心"十三五"规划初步设想

中国科学院文献情报中心

"十三五"期间，中国科学院文献情报中心将紧紧围绕国家和中国科学院创新战略的信息需求，主动适应信息环境变革发展新态势，围绕"提能力、转基础、扩服务"，深化体制机制改革，全面实现从科技文献保障到基于知识大数据的系统化情报分析服务的主体功能转型，建设深度支撑科技创新的国家科技知识服务中心。

一、环境和发展趋势分析

（一）系统化知识服务的需求

中国科学院全面实施"率先行动计划"，推进研究所分类改革试点，启动建设卓越创新中心、创新研究院、大科学研究中心和特色研究所，分别致力于探索科学前沿问题、解决国家重大问题、提供公共大型科技创新平台及服务社会经济可持续发展。中国科学院致力于建成高水平科技智库，启动科技战略咨询研究院建设，统筹集成全院思想库研究力量，对我国社会经济发展重大问题提出科学前瞻建议，在国家科技规划、科技政策和科技决策等方面

发挥权威性影响。

新战略举措和新型科研活动组织机制在继续要求可靠的科技文献资源保障的同时，也要求文献情报系统针对"率先行动计划"和不同类型科研活动特点规律，在支撑科技智库、科研决策与管理、一线科技创新及科技促进经济社会发展等各个层次和方向上开拓针对性强、有效性高、贡献力大的知识服务，构建以"大情报"为核心竞争力的系统化知识服务体系，大力加强科技战略情报研究与服务、进行态势研判和支持科技决策的力度深度，大力深化围绕整个创新价值链的技术前沿和产业情报的分析服务能力，大力开拓针对科技促进发展和成果转移转化的专门化知识服务等。

这要求我们必须推进文献情报业务模式改革创新，提升"大情报"服务能力，将报道综述统计型情报服务扩展提升到问题导向、决策驱动的智库型情报研究服务，针对宏观趋势与战略、学科或问题、机构与产业及区域等建立起系统化的情报分析和知识服务体系。通过"提能力"，实现贡献模式与核心竞争力的转型突破，在战略型、领域型、特色型、区域型等科技智库中成为内在的骨干成员，在支撑科技决策、科技创新和经济社会发展中发挥不可或缺与不可替代的作用。

(二）深化改革和创新驱动的知识服务需求

国家深化改革中央财政科技计划管理机制，推动开放科技基础设施，推进公共文化服务体系建设，推进事业单位分类改革。科技资源配置渠道与模式已经发生重大变化，科技信息机构的服务模式和管理机制也在出现新变化，仅仅依靠原有投资渠道、管理体系和运作机制既不能有效获取资源，又不利于全面发挥对国家和社会的作用。同时，国家提出支持万众创新、建立"众创空间"的政策机制，对文献情报机构从基于文献检索获取支持学习、教育的公共信息平台向通过知识发现、情报计算和知识实验等支持创新创业的知识创新平台的演变提供了机遇，为文献情报机构更加灵活深入地向公共知识服务平台和知识服务中介发展提供了空间。

文献情报机构必须牢牢抓住全国各级全面推进创新驱动发展战略的机遇，充分利用开放信息、开放可计算知识和开放创新"3O"会聚，支持区域创新和开放协同创新，把自己转变为在物理场所和虚拟网络上都可灵活服务的基于可计算开放知识的创新工场，拓展自己支持创新发展的内容和形式，服务社会和企业的创新创业发展，服务公众创新能力培育。通过"扩服务"，将文献情报服务及其组织机制扩展到科技促进社会经济发展的过程中，一体平台、多种机制，打造支持各类创新主体的创新服务工场。

（三）重构文献情报服务的转型

"需求决定服务，服务决定资源"是文献情报事业创新发展的基本原则。中国科学院新时期发展战略提出了系统化知识服务的"大情报"需求，必须通过"提能力"实现问题导向、决策驱动的智库型情报研究服务的模式转变。系统化知识服务以海量"知识数据"为基础，现有的科技文献基础和保障模式难以支撑，必须重构大文献数据基础和知识大数据平台。同时，我们所熟悉和习惯的文献情报服务基础和主流服务模式正在发生显著变化。一方面，学术资源 E-only 化、科技信息开放化掏空了传统"馆藏式"文献保障服务模式的根基，彻底摧毁了"抱残守缺"的选择基础。另一方面，基于语义和基于计算的知识组织等新趋势，推动信息资源迅速走向可计算、可关联、可复用、可再造的知识数据资源，基于整个创新价值链的挖掘、分析、融汇、再创造和应用的系统化、集成化，知识服务日益成为主流趋势。

文献情报必须根据系统化知识服务的要求，主动适应信息环境变化，选择新的战略定位、贡献模式，重构服务基础。通过"转基础"，将文献资源集成体系转换为基于可综合计算和个性化利用的集成知识数据体系，建设知识数据应用服务环境以及用户知识环境，支撑数据挖掘、知识发现、情报分析和深度个性化知识服务。

二、发展目标与布局设计

（一）发展目标

中国科学院文献情报中心"十三五"发展**总目标**是：通过提能力、转基础、扩服务，建设**国家科技知识服务中心**，全面实现知识服务转型，重构发展基础，形成符合中国科学院深化科技改革发展需要，满足国家科技信息平台建设需求的新型文献情报服务体系。包括如下具体目标：

1. **构建系统化知识服务体系，打造大情报服务**。统筹战略情报研究、学科馆员和产业信息服务力量，协同所级文献情报力量，联合地方科技信息服务机构，加强科技发展态势研判和支持科技决策的力度深度，突破问题导向、决策驱动的智库型情报研究服务转型，大力深化围绕整个创新价值链的技术前沿和产业情报的分析服务能力，大力开拓针对科技促进发展和成果转移转化的专门化知识服务等，构建全谱段的系统化知识服务体系。

2. **重构发展基础，打造知识大数据平台**。主动顺应科技信息创造、传播与应用新趋势，积极探索开放信息时代科技文献信息保障模式的转型优化，与时俱进，保障中国科学院和国家科技文献平台的战略安全。重点聚焦知识大数据，整合集成各种来源、类型、层次的信息资源，面向科技信息关联分析、挖掘计算需求，构建基于文献大数据的知识数据内容体系、知识大数据转换管理与应用工具体系以及知识大数据应用服务体系，打造支撑服务升级转型的新型数字知识基础设施。

3. **扩展服务范围，探索开放创新知识服务**。依托系统化知识服务能力和知识大数据平台，拓展新型文献情报服务的内涵和范围，支持开展面向大众创业、万众创新、产业技术、区域发展战略的科技咨询服务，建立支撑开放创新与创业的科技信息服务业态、产业和区域发展科技服务业态，形成支撑开放创新的知识服务网络，建设突出中国科学院特色的新型科普与创新文化传播网络。

4. **加强政策与战略研究，引领国家科技信息平台发展**。持续加强科技文献资源战略保障与数字资源长期保存能力，夯实中国科学院在国家科技文献平台中的基础保障作用。同时，聚焦科技信息创造、传播与应用模式转型发展的新趋势，前瞻开展文献情报领域发展战略研究、科技信息政策研究和数字出版政策研究，突出中国科学院在国家科技信息平台建设与服务转型关键时期的引领作用。

（二）战略布局

中国科学院文献情报中心"十三五"规划的整体布局是"一三四"，即围绕"一个中心"，实现"三个突破"，实施"四大举措"（如图 1）。

一个中心：建设国家科技知识服务中心。**三个突破**："提能力"，将报道综述统计型情报服务扩展提升到问题导向、决策驱动的智库型情报研究服务，针对宏观趋势与战略、学科或问题、机构与产业与区域等建立起系统化的情报分析和知识服务体系。"转基础"，将文献资源集成体系转换为基于可综合计算和个性化

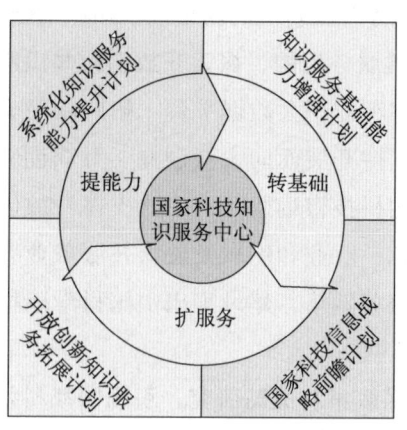

图 1 "十三五"规划整体布局示意图

利用的集成知识数据体系，建设知识数据应用服务环境以及用户知识环境，支撑数据挖掘、知识发现、情报分析和深度个性化知识服务。"扩服务"，将文献情报服务及其组织机制扩展到科技促进社会经济发展的过程中，一体平台、多种机制，打造支持各类创新主体的创新服务工场。**四大举措：** 系统化知识服务能力提升计划；开放创新知识服务拓展计划；知识服务基础能力增强计划；国家科技信息战略前瞻计划。

（三）服务布局

打造由系统化知识服务、知识大数据平台和开放创新知识服务构成的新型知识服务布局（如图2）。

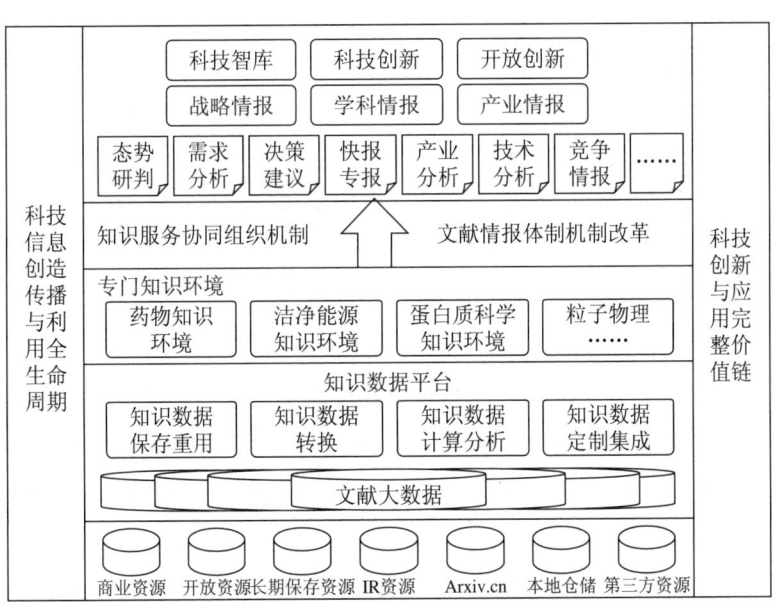

图2　国家科技知识服务中心服务体系布局

（四）业务布局

　　瞄准建设国家科技知识服务中心的总目标，进一步调整、优化文献情报业务布局，按照"统分有序、特色鲜明、协同互补"的原则，进一步明确定位、目标与核心能力。依托系统化知识服务能力构建与提升，持续推进地区文献情报中心和上海生命科学信息中心向专门知识服务中心转型发展，分别针对全球变化、可持续发展、重大基础前沿、空间科学、粮食安全、海洋深度开发、先进材料与先进制造、清洁能源、机器人、先进工业生物技术、脑科学、医药创新等领域发展智库型情报研究能力，面向区域内中国科学院研究机构和地方经济社会发展开展区域型学科化服务与信息服务。

三、重大举措

　　聚焦建设"**国家科技知识服务中心**"的规划目标，重点实施系统化知识服务能力提升计划、知识服务基础能力增强计划、开放创新知识服务拓展计划和国家科技信息战略前瞻计划。

（一）实施系统化知识服务能力提升计划

1. 建设目标与内容

　　（1）**突破战略情报研究范式跨越瓶颈，实现重大问题导向、决策驱动的智库型情报研究服务转型**。以服务国家创新驱动发展战略的科技决策需求为使命，主动适应中国科学院"率先行动计划"的战略情报需求，融入科技战略咨询研究院的发展，坚持"两条腿走路"，打造战略情报服务支撑与智库型科技情报研究并举的系统化情报研究能力。在继续强化对科技智库的战略情报支撑基础上，积极发展与科技智库其他单元相互补充、印证且具备独特视角、方法和产品的智库型科技情报研究能力，在战略型、领域型、特色型、区域型等科技智库中成为内在的骨干成员，在支撑科技决策、科技创新和经济社会发展中发挥不可替代的作用。

（2）促进学科化服务和区域信息服务转型，打造大情报服务。瞄准科技创新和区域经济社会发展的深度信息需求，积极推动学科化服务和区域信息服务向深层次知识服务拓展，重点发展情报研究服务能力，大力加强学科战略情报态势研判和支持科技决策的力度深度，大力深化围绕整个创新价值链的技术前沿和产业情报的分析服务能力，大力开拓针对科技促进发展和成果转移转化的专门化知识服务等，与战略情报研究服务共同构建全谱段的系统化知识服务体系。

（3）整合建设大情报服务流程、资源与工具平台，构建系统化科技情报研究环境。整合现有分散独立的情报研究资源与工具，依托知识大数据平台，集成定制有效支撑关联分析、计算挖掘、演化分析与可视化分析等先进情报研究方法的系统化情报研究数据、平台和环境。

2. 重点建设任务

2.1 开展智库型科技情报服务体系建设

以服务国家创新驱动发展战略的科技决策需求为使命，建设重大问题和产出（研究产品）导向的科技智库型战略情报服务体系。

（1）发展情报分析报告体系

重点完成国际科技创新跟踪研究报告系列，组织月度《快报》、不定期《决策信息专报》系列。国际科技创新态势研判系列：组织宏观态势研判、科技领域发展态势研判、重要国家科技创新态势研判、国际科技创新政策发展研判的情报分析服务。重大选题分析研究报告：围绕科技相关的重要重大选题开展研究所形成的有独立见解、重要决策和社会影响力的重要研究报告。依托战略情报团队，吸收学科咨询服务和区域信息服务的相关力量，建设若干贯穿整个科技创新发展价值链、融合宏观决策、四类研究机构和区域发展决策需求的全谱段、系统化科技情报专业分析研究中心。

（2）建设领域型情报研究中心

结合各单元的学科特色，面向重大问题或领域，整合战略情报研究、学科化服务和区域信息服务力量，联合所级力量建设领域型科技情报研究中心。积极引导和支持发展面向领域和区域的智库型科技情报服务。

（3）智库型科技情报分析工具平台

面向高水平科技智库的建设需求，以问题为导向，试点建成空间科学创新、国际科技竞争力、全球变化、先进材料与先进制造、机器人、医药创新等六个科技智库知识资源支撑体系。基于知识大数据资源和知识计算分析的技术方法体系，构建智库型科技战略情报分析工具平台，支持国际科技态势研判，支持围绕具体领域或重要问题的数据分析，支持战略情报的共享。

2.2 建设支持科技创新的学科化知识服务体系

以服务四类机构科技创新的科技决策需求为使命，优化嵌入机构科技创新决策过程的系统化知识服务机制。

（1）建设系统化学科情报服务体系

系统化决策情报分析服务：结合研究所相关规划、评估等重点需求，与研究所协同建立包括科技态势分析、竞争力分析、科研布局规划、优秀人才遴选、专题领域深度分析、科研绩效评估等的系统化情报服务能力及其个性化产品体系。

系统化创新驱动发展情报分析服务：结合研究所服务国家重大需求和服务国民经济主战场等重点需要，与研究所协同建立技术产业分析、转移转化能力分析、知识产权预警分析等服务能力及个性化情报产品。

研究所科技智库情报服务：选择部分研究所、吸纳研究所文献情报服务团队，按照统一任务和分工合作，协同支持研究所建设领域型、区域型或特色化科技智库能力。

（2）研究所情报服务集成支撑平台

以研究所的重点领域情报服务、研究所的战略规划和研究所团队方向的能力评估为主要目标，与研究所共同建设个性化的所级情报服务集成支撑平台。建立相关主题或学科的动态监测分析系统，可靠连接相关的科技、经济和社会综合信息资源，有效集成重要的情报分析工具，积极共享多方来源的科技、产业、政策情报，提供领域机会分析、对比机构监测、领域及团队分析、团队能力评估、研究所战略分析等情报服务功能。

（3）新一代科教融合的数字信息服务环境

建设新一代科教融合的数字信息服务环境。以交互式数字文档技术为核心，构建集数据、文献、方法、实验、协作为一体的数字化科教融合信息环境。建设集成中国科学院资源和服务的信息素质教育平台，组织建设面向学科教育的数字教育知识资源环境。

（4）试点建设围绕科研生命周期的数据管理服务

试验建设围绕科研生命周期的科学数据管理与共享服务能力，支持数据管理规划、数据管理机制建设、数据组织与转换服务、数据分析服务、数据发布与共享服务、数据存储与溯源服务等。

（5）支持一流创新人才的用户新型科技信息素质能力建设

实施科研信息素质提升计划，建设围绕科研活动全生命周期，包括态势分析、竞争力分析、研究方法遴选、数据管理、知识产权、科学交流政策、科学评估、科研道德、科学普及等的科研素质能力体系，建设包含面向问题的微教育、面向流程的系统教育和面向新素质内容的案例教育的综合科研信息素质教育平台。

2.3 建设支持科技促进发展的知识服务体系

以服务国民经济主战场的科技决策需求为使命，优化嵌入科技和区域发展的系统化知识服务机制。

（1）面向区域科技发展的产业情报跟踪

组织半月度《产业技术情报》、不定期《产业决策信息专报》服务；区域科技创新与产业发展态势研判报告与服务；科技促进发展态势研判服务。

（2）重点问题情报分析

结合中国科学院科技促进经济社会发展工程和科技服务网络（STS 网络）建设，结合省级科学院需求，围绕重要选题开展研究，形成有独立见解、重要决策和社会影响力的重要研究报告。

（3）区域科技发展集成分析平台

支持区域与产业发展态势研判，支持围绕具体技术、产业或问题的数据分析，支持技术与产业情报的共享。建立区域科技创新态势分析系统、技术态势分析系统、产业态势分析系统、技术产业情报集成服务与共享系统。

（二）实施知识服务基础能力增强计划

1. 建设内容

以持续夯实数字科技文献保障体系和扩展建设综合科技信息保障体系为基础，以促进科技文献和综合科技信息向知识大数据转变为核心，以可靠支撑知识服务、开放创新对知识数据的关联、计算和挖掘需求为应用效果，打造新型数字知识资源基础设施。

以文献大数据为基础，整合集成各种来源、类型、层次的信息资源，进行知识大数据的内容体系建设；基于大文献数据资源，进行知识大数据的技术工具体系建设，将数据资源转换为语义化、可计算的知识数据，提升知识大数据的分析、应用能力，构建支撑智库型科技战略情报服务、嵌入型学科领域知识服务、拓展型创新创业知识服务的技术方法体系和工具平台；面向一线科研用户及系统化知识服务的需要，进行知识大数据的应用及服务系统建设，有效支撑智库型科技战略情报服务体系、嵌入型学科领域知识服务体系、拓展型创新创业知识服务体系的建设。

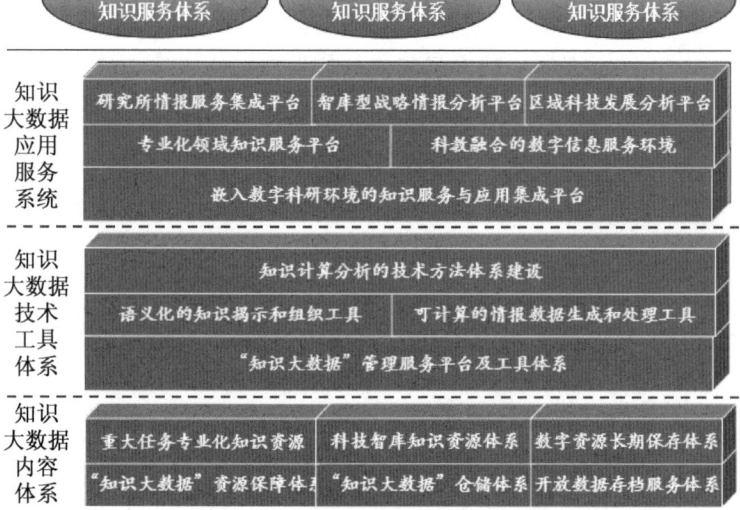

图3 知识大数据平台的布局与任务

2. 重点建设任务

2.1 知识大数据的内容体系建设

（1）"知识大数据"的资源保障体系

聚焦跨地域、跨研究所的新型科研组织单元（卓越中心、创新研究院和大科学研究中心）优化科技文献保障政策；扩大和完善开放知识资源的遴选、组织与利用；加强行业、产业、产品、技术和市场类信息资源的发现、遴选、采集与配置；加强决策分析和科研评估的竞争情报类资源的遴选、采集与组织；加强新型科研信息化工具类资源的引进。

（2）知识大数据仓储体系

基于大数据技术，以数据引擎为核心，构建"知识大数据"

的仓储体系，实现各类大文献数据集的揭示、汇集、组织、管理、保存和保障。

积极推动和借助开放获取政策，建设第三方开放知识资源本地化仓储体系，继续推进中国科学院机构知识库建设，扩展商业信息资源在本地的全文存储与再利用能力；全面争取商业资源的深度利用权益，实现对商业资源元数据的获取与重复利用，集成多方来源建设中国科学院公共综合元数据集，大幅提升数据集成能力。进行数据管理平台建设。基于大数据技术，转变传统数据处理方式，有效提高对数据获取、数据存储和数据处理的技术能力。

（3）支撑学术交流的开放数据存档服务体系

构建支撑学术交流的开放存取环境，以 CAS IR、NTM 为基础，在 ISWITCH、CSOA 的基础之上，面向领域学术交流、知识共享的需要，构建相关领域的开放数据存档服务体系（Open Data Archive），支持开放数据的发布、存档、交流、分享、引用和重用。

（4）数字科技资源长期保存体系建设

持续推进中国科学院核心商业数据库和重要开放获取资源的本地长期保存，保存资源从目前 15 种扩展至 30 种，重点突破核心综合类数据库和核心学协会数据库；建设重要国内国际科研机构的 Web Archive 存档服务体系。面向国际国内的科技管理与政策机构、重要研究组织、重要科技学协会、重要智库、重大科技计划等进行网络资源存档服务，成为未来可用的重要数据基础设施，保证重要科技政策、重要计划、重要报告、重要数据等重要科技思想载体长期可用。构建面向中国科学院的重要数字知识资产的长期保存服务体系。

2.2 知识大数据的技术工具体系建设

（1）知识大数据管理服务平台及工具体系

利用大数据技术构建"知识大数据"的管理服务平台，实现各类大文献数据集的揭示、汇集、组织、管理、保存和保障。建设基于数据引擎的大文献数据管理平台。构建规范的数据标准和接口协议，转变传统数据管理模式，建设开放、标准的数据引擎，能够有效实现大数据的汇集、抽取、揭示、管理和保存。建设面向数据应用的大数据价值分析和质量管理平台。基于价值分析判断体系对数据适用范围和数据价值进行分析，实施数据质量管理，保证数据的全面、及时、准确、可靠、可信、可用。

（2）语义化的知识揭示和组织工具体系

针对重要领域和重点任务，开发知识揭示和组织的工具体系，利用语义技术实现对重要的知识资源的知识揭示和组织，构建语义丰富化的知识应用环境。

知识资源结构化组织、内容语义化描述关键技术。从数据内容中抽取出内容结构、研究路线、研究结果与结论、相关研究与合作网络等，实现从数据资源到可计算语义化知识数据的转换。建设和完善数字知识组织体系，开发可定制的针对问题的知识组织工具，逐步建设可开放共享和可个性化移植的知识组织数据，逐步建设支持科技战略与政策分析的知识组织工具。建设支持语义丰富化应用环境的知识内容与关系索引、检索、展示、分析和可视化表示系统。建设基于知识内容的数据集成和关联服务引擎。建设面向应用的知识大数据定制集成与配置嵌入技术机制，通过知识组织体系的信息组织，实现根据任务、领域等对公共综合数据平台中知识内容进行动态、精准配置。

（3）可计算、结构化的情报数据生成和处理工具平台

面向情报计算分析的需要，根据情报分析的不同类型，制定相应数据支撑标准，对大文献数据及其语义知识内容进行结构化、指标化转换，以 ETL（Extract-Transform-Load）处理过程为基础，构建支持情报数据抽取、清洗、转换、装载、重组的数据和技术环境。

（4）知识计算分析的技术方法体系

将数据体系、分析方法、任务目标有效集成，构建基础的知识计算分析的技术方法体系，为相关战略情报、领域分析和产业分析提供基础方法保障。

有效地采纳数据挖掘、机器学习、大数据分析技术方法的新成果，拓展文献计量、科学计量、技术挖掘、创新路径预测、新兴技术识别、网络分析、热点主题等的技术方法，构建起适用于战略情报研究、领域态势分析、技术产业动态研究的知识计算分析技术方法体系。

着力加强科技发展态势监测分析、宏观战略政策分析、学科领域分析、产业竞争分析等知识计算分析的技术方法体系建设，形成一系列可支持战略决策、科学研究、产业创新所需要的竞争力分析、影响力分析、结构和演化分析体系、网络关系分析、新颖性分析的方法、技术和工具体系。

2.3 知识大数据的应用及服务系统建设

（1）嵌入数字科研环境的知识服务与应用集成平台

基于全院统一认证框架，实现中国科学院文献资源和服务的应用揭示和集成，构建可定制的科技文献情报个性化知识服务环境，满足全院的科研人员、科研管理人员和广大研究生的知识服务需求。

依据全院统一认证框架，构建文献资源和服务应用注册管理中心，对中国科学院的应用服务进行有效的揭示和管理。支持将知识资源服务与应用嵌入数字科研环境。建设嵌入科研人员环境的中国科学院文献资源和服务的应用定制服务平台。基于 Web-Scale IT 理念，以面向 Web 的技术架构为基础，将中国科学院文献情报系统的数据、服务、应用建设成为知识服务云，研制适应各种科研活动场合下的应用 APP，能够有效地支撑移动知识服务应用。

（2）面向重大任务的专业化领域知识服务平台

依托学科馆员和所级文献情报力量，试点建设科研用户主导的面向重大任务的专业化领域知识服务平台，以中国科学院的重大任务团队（创新研究院和卓越中心）为服务对象，构建支持领域任务需要的，面向重大任务的专业化领域知识服务平台建设。

以物理领域、蛋白质科学、药物为示范，汇集这些领域的数据资源（包括本地期刊、arXiv 知识库、开放存档平台 CSOA、第三方集成平台、中国科学院机构知识库网格、科技知识组织体系，以及工具与设备开放资源等），集成相关技术工具资源，构建支持上述领域的监测预警环境、资源发现环境、学术交流环境等，在知识创造、知识交流、知识传播和知识应用上发挥重要的作用。在此基础上，向微小卫星、信息工程、空间科学、海洋信息技术、脑科学、青藏高原地球科学等领域扩展。

（三）开放创新知识服务拓展计划

1. 建设目标与内容

依托系统化知识服务能力，拓展新型文献情报服务的内涵和范围，支持开展面向大众创业、万众创新、产业技术、区域发展战略的科技咨询服务，建立支撑开放创新与创业的科技信息服务业态、产业和区域发展科技服务业态，创新科学文化传播模式，形成支撑开放创新的知识服务网络。

建设适应创新驱动发展需要，支撑开放创新和万众创新的科技信息服务机制，融合各类科技服务业态，建设具有中国科学院特色的大众科技创新与创业的信息生态；建设开放创新与创业的示范活动空间，形成科技创新成果、创新人才、创业投资服务等要素相互融合信息服务平台。

依托全院 STS 网络和全国科学院联盟，建设面向区域和产业发展战略的情报服务网络，发挥国家科技信息平台引领作用，构建促进中国科学院科技创新与区域经济发展相互融合的服务机制。

依托中国科学院文献情报中心各单元建设区域信息服务中心，联合地方科技信息服务机构，借助中国科学院系统化知识服务能力，联合开展面向区域经济社会发展的深层次信息服务，支撑地方科技创新与经济社会发展的战略规划、产业转型升级等。

2. 重点建设任务

2.1 建设支撑区域科技创新发展的咨询服务网络

（1）建设嵌入开发区和特色产业园区的产业图书馆服务网络

探索建设嵌入中关村开发区、成都天府新区、兰州新区、武汉东湖新区、京津冀一体化区域的新型文献情报服务机制和服务网络，支撑面向产业、创业和创新的新型科技信息服务体系建设。面向区域经济社会发展，组织科技创新驱动区域发展的战略研究，协同各省科学院支撑相关省科技决策与战略咨询。

（2）完善知识产权信息服务、促进科技成果资本化

建设覆盖主要学科领域、嵌入区域发展的分布式科技查新服务网络，拓展专利查新、立项查新与技术评估服务。在院内，同研究所文献情报机构共同建设科技查新服务网络，重点开展科研项目立项查新服务；与省科学院等院外机构合作，建设区域性科技查新服务网络，重点在东部经济发达地区设立联合查新服务站。建设"中国科学院知识产权网"，建设和完善面向战略新兴产业的专利分析数据库体系和分析平台。选择重点产业技术领域开展技术成果的专利价值评估、专利组合构建、专利池建设和专利权授权与交易趋势等分析，为中国科学院技术成果的资本化提供参考。

2.2 建设支持开放创新与创业的信息服务平台

（1）建设支撑创新创业项目融资服务的项目路演服务中心

将技术趋势分析、技术价值评估、产业情报研究、产业技术战略等，融合在开放创新与创业服务体系中，开展创新创业信息服务、科技创业辅导服务、创业路演服务等。重点针对中国科学院技术成果和项目，提供成果产业化的技术可行性评估服务，提供项目融资可行性分析的支撑服务。策划组织科技创业投资对接活动，开展早期科技创业孵化活动。

（2）搭建创新创业信息服务网络平台

构建科技创新—创业—风险投资—技术评估—技术趋势分

析等创新创业要素聚集的活动社区，累积创新项目、创业策划、投资经理、专家、潜在创业者等，形成全方位聚集中国科学院科技创新成果、创业者、投资者、科技服务咨询专家的网络活动平台。构建"线上、线下"互动服务机制，实现网络信息服务平台与项目路演、创新大赛、投资对接等的互动。

继续与国科大合作，组织基于开放数据、开放工具、信息计算的互联网创新大赛活动，及时发现和培育互联网创新与创业的创意。与院内外产、学、研等机构合作，策划组织专业技术领域的开放创新大赛，探索支持众筹创新的信息服务模式，充分释放全社会创新潜能。

2.3 建设支撑产业转型发展的情报研究服务网络

（1）建设嵌入区域经济发展的产业情报研究与服务网络

依托全国科学院联盟文献情报分会，与相关省科学院联合建设"产业情报研究中心"，针对区域产业发展、经济社会发展开展产业情报研究和区域战略研究，参与地方智库建设，联合支撑区域战略和产业决策咨询。联合支持在江西、银川、唐山、黑龙江、贵州、湖南、江苏、陕西、山东等地区设立产业情报研究中心，围绕区域产业发展的决策需求开展情报研究与服务。

（2）结合地方科技发展需求，组织情报研究与服务

面向战略新兴产业，开展国际产业技术趋势、产业市场趋势、产业政策趋势的情报研究，综合分析产业竞争格局、人才布局等，组织面向产业发展战略的研究与咨询服务。针对技术研究与开发、技术转移转化、科技风险投资的产业技术评估需求，开展产业技术趋势分析服务，拓展专利技术分析、技术评

估与咨询服务。针对企业新产品、新工艺的技术研发需求，开展产品技术信息咨询服务，探索嵌入新产品新工艺研发过程的技术竞争情报服务。

2.4 建设新型科普与创新文化传播网络

按照国家创新驱动发展和万众创新战略实施的创新文化建设需求，紧密围绕全院科学传播工作的发展战略与布局，夯实基础平台，打造品牌服务。

面向中小学生和广大社会公众的需求，精心建设"中国科学院院士文库""中国科学院科普资源信息库"两个基础平台，持续打造"中国科学院科技创新年度巡展"和"科学人讲坛"两个科普品牌，组织中国科学院科技创新年度巡展，扩大宣传范围和宣传途径，嵌入各个省市区域创新发展环境。

有效发挥"科学文化传播"服务网络和科普微信、微博等新媒体平台效用，为实施中国科学院"高端科研资源科普化"计划、服务全民科学素养的提升和青少年科学教育工作，做出重要贡献，为中国科学院科学文化传播工作培养和储备一支可以依赖且特别能战斗的重要力量。

扩展建设院士文库、关联知识库、经典文献档案库等，完善院士文库建设机制和网站系统，集成展示科学创新思想和文化。跟踪国内外科普展览活动，学习和策划高水平科普展览，建设与重大科技项目相结合、与开放创新工场相结合的新型科学传播机制。

结合北京分院创新文化广场建设和全院文献情报业务创新的需要，有效整合多方资源，积极探索文献情报与科学文化传播，以及以京区各研究所为主的全院科学传播联合服务机制，大力运用新媒体环境下科学传播的新模式、新手段和新方法，强化传播目标，优化传播形式，提升传播效果，为科学与公众的良性互动开创新的局面。

(四) 国家科技信息战略前瞻计划

1. 建设目标与内容

进一步加强战略研究、规划与前瞻能力，为持续凝练创新目标与关键突破提供战略支撑。加强中国科学院文献情报战略研究能力在国家平台、行业系统以及区域等各层面的延伸拓展，履行国家级文献情报机构的社会职能。继续加强中国科学院在国家科技信息平台的引领作用，持续夯实科技文献资源战略保障与数字信息资源长期保存的能力，引领文献情报领域的发展战略研究、科技信息政策研究和数字出版政策研究，为中国科学院和国家科技信息平台发展提供战略咨询与政策建议，为行业和区域文献情报事业的规划与发展提供参考和示范。

2. 重点建设任务

2.1 发挥国家级文献情报机构的战略咨询作用

聘请文献情报领域国内外战略专家，领衔组建科技信息政策与发展战略研究中心，包括两部分研究团队：（1）以现有科技信息政策研究队伍为基础组建常规研究力量；（2）邀请文献情报与出版领域国际专家组成战略咨询与评估委员会。积极开展文献情报发展态势分析、关键问题分析与政策建议，为制定中国科学院和国家科技信息平台发展规划提供战略咨询。

2.2　建设国家数字信息长期保存中心

牵头建设国家数字科技资源长期保存中心，并在国家数字科技文献资源长期保存体系中发挥主导作用。全面唤醒国家数字保存的意识，主动研究制定数字科技文献资源长期保存的国家战略和行动计划，确保国家科技战略资源的安全。

积极推动中国科学院数字资源长期保存政策体系、框架流程与标准体系等成为国家政策与标准。针对可信赖的长期保存体系要求，提出国家数字科技文献资源长期保存体系的任务规划、法律授权、技术体系、流程组织、经济投入、公共服务、认证检验、继承转移等管理机制。

依托中国科学院的先发优势，以中国科学院已实现长期保存的数字信息资源为开端，积极拓展合作保存体系，持续推进中国科学院长期保存权益升级为国家长期保存权益。同时，在国家数字信息长期保存中心框架下，组织和联合相关机构建立责任分担机制，签署相关协议，构建国家数字科技文献保存体系。

进一步完善国家数字科技文献资源长期保存体系的示范平台，扩充平台节点，构建起支撑国家数字科技文献资源长期保存体系的国家数字科技文献资源长期保存网络。

2.3　提升国家科技信息资源保障服务能力

作为国家科技图书文献中心（NSTL）成员单位，继续参与国家科技文献平台建设，发挥自然科学领域文献保障机构的核心作用。

牵头建设基础科学全学科领域的科技文献保障服务体系，

组织科技信息数字化加工和数据库建设。积极开展科技信息服务推广和重要科技领域专题信息咨询服务。组织可以有效带动地方和区域创新能力的文献情报服务，提高国家科技信息平台的保障效率。依托全国科学院联盟、区域发展知识服务网络、产业情报研究服务网络、科技信息服务网络，组织新型文献情报服务能力的研讨与培训活动，为文献情报机构培训专业化岗位服务人员，带动我国文献情报机构转型。依托 NSTL 重大专项服务工作组，继续推进面向国家重大科技信息专项的信息服务，引领带动国家科技信息平台面向重大专项的服务能力拓展提升。

中国高等教育数字图书馆发展趋势

——CADLIS"十三五"建设规划思路

陈 凌 黄 晨

(北京大学图书馆 北京 100871；浙江大学图书馆 杭州 310024)

摘 要：

高校图书馆正处于快速发展和转型的关键时期，CADLIS 以高校图书馆未来发展为导向，以前两期项目建设为基础，结合自身的定位与使命规划了面向未来的"十三五"建设思路。本文论述了 CADLIS"十三五"建设的目标、任务与设计框架。

关键词：CADLIS；CALIS；CADAL；图书馆战略规划；图书馆十三五规划

一、中国高等教育数字图书馆简介

2004 年 8 月，国家发展和改革委员会批复教育部所报《"十五""211 工程"中国高等教育文献保障体系——中国高等教

育数字化图书馆建设可行性研究报告》，标志着"中国高等教育数字图书馆"（CADLIS）建设正式启动。CADLIS 项目由两个专题组成：一为中国高等教育文献保障系统（CALIS）二期工程，由设在北京大学的 CALIS 管理中心负责；一为中英文图书数字化国际合作计划（CADAL），由设在浙江大学的 CADAL 管理中心负责。

CADLIS 一期建设于 2006 年 7 月通过教育部、发改委和财政部三部委验收，初步建成了以系统化数字化学术信息资源为基础、以先进的数字图书馆技术为手段、以中国教育和科研计算机网（CERNET）为依托的具有国际先进水平的开放式中国高等教育数字图书馆的框架，真正成为国家信息基础设施的重要组成部分之一 [1]。2010—2012 年，CALIS 与 CADAL 两个专项完成了 CADLIS 二期建设（即"211 工程"高等教育文献保障体系三期建设），按照"共建共享""普遍服务"的建设理念和原则，以"云服务"技术为手段，进一步完善了中国高等教育数字图书馆的建设 [2]。

2013 年初，由教育部、财政部、发改委三部委委托中国国际工程咨询公司对 CADLIS 服务进行了评估。根据评估意见，教育部认为 CADLIS 已完成预定基础服务设施建设目标，成为高校图书馆基础业务一日不可或缺的服务平台，开始按年度提供运维经费，以保证 CADLIS 的长期运行服务。

二、CADLIS 发展定位、主要任务与"十三五"建设目标

2.1　CADLIS 发展定位

　　CADLIS 结合我国高等教育发展、信息社会发展的趋势，按教育部的要求，明确发展定位为：在不断完善"高等教育公共服务基础设施"的服务功能、提高服务性能的基础上，进一步建设成为"我国教育事业的公共服务基础设施"和"国家公共信息服务体系基础设施"之一。

2.2　CADLIS 主要任务

　　在即将开展的下一阶段建设，尤其是"十三五"建设中，CADLIS 的三大主要任务为：

　　（1）建立并长期维护我国高校图书馆运行与发展的"新模态"，持续推动高校图书馆的整体快速发展，推动我国图书情报事业的整体发展。

　　依托高校相关学科优势，研究并建立适应不同类型高校、多层次的图书馆运行与发展模型，构建面向图书馆信息资源建设、信息服务、人才培养、服务创新、技术设施等领域的解决方案与云服务平台体系，为我国高校图书馆运行与发展提供基础支撑，促进我国高校图书馆的整体快速转型与发展，促进信息公平与教育公平。

　　（2）建立与长期维护世界先进水平的全球性综合信息协同服务体系。

　　依托互联网与云计算等先进技术，深度整合全国图书情报

机构、文献信息与情报咨询服务企业、国外高水平图书情报机构的信息资源、信息服务与业务专家队伍，构建面向用户、面向图书馆服务的全球性综合信息协同服务体系，服务于我国的教育与科研，服务于社会与经济发展，成为我国信息服务基础设施的重要组成部分。

（3）建立与长期维护高校图书馆与信息产业界的开放协同发展体系。

以图书馆发展前沿为导向，建立广泛的产业协同发展联盟，充分发挥与整合各行业优势，促进信息服务界的社会化分工与重组，促进相关领域大数据环境与应用的形成，促进信息服务行业、图书馆业务外包服务行业及相关技术支撑行业的健康发展，以相关行业"新业态"支持图书馆的整体发展和运行服务"新模态"。

2.3 CADLIS"十三五"目标

CADLIS 将以服务当前高等教育改革、服务一流大学建设、服务经济社会发展为任务导向，在 CADLIS 前期已建成的共享服务平台的基础上，大力推动移动互联网、云计算、大数据、物联网等与图书情报行业的深度结合，实施"互联网 + 高校图书馆"发展战略，构建新一代面向高校图书馆协同创新、转型服务和整体发展的"云服务体系"，建立可持续支撑我国高校图书馆服务运行与发展"新模态"的有效机制，实现各级各类高校图书馆"信息、人力、设施"等资源以及服务的全面整合，实现与全球信息服务体系的深度融合，缩小国内外、不同区域、校际高校图书馆间的差距，推进教育公平与信息公平，促进高校图书馆快速转型和整体跨越式发展，促进与信息时代大学教育与科研相适应的新型大学图书馆体系发展。

三、CADLIS"十三五"主要建设内容

CADLIS"十三五"建设分为 CALIS 和 CADAL 两个专题。

3.1 CALIS"十三五"主要建设内容

CALIS 项目"十三五"建设将围绕"构建新一代'CALIS云服务体系'，建立可持续机制"来展开。

3.1.1 文献资源共建共享云服务体系

文献资源共建共享云服务体系是全面利用"云计算、大数据"技术对现有"联机编目、联合订购、文献共享、资源建设与数据管理"四大业务体系的全新设计与业务重组，旨在打造一个面向所有高校图书馆文献资源建设和共享服务等基础业务的新支撑平台，促进各馆基础业务向"联盟式"或"外包式"运行模式转变，建立世界领先的高校图书馆基础业务运行新模态，既能为先进图书馆解放人力，优化专业馆员结构，又能为后进图书馆解决发展瓶颈，用最低成本快速跨越图书馆自动化管理和数字图书馆服务发展阶段。具体包括：

（1）联盟式协同采编平台

联盟式协同采编平台以实现图书馆"采编"基础业务外包为导向，重组采编业务流程，规范化设计并引入产业合作，打通出版社、书商、成员馆三者之间的互联互通关系，最终建成

基于"产业链数据交换"的采编一体化业务协同平台。采编一体化平台的主要特征包括：一是可以在图书出版环节完成图书信息的编目工作，从而提升成员馆的编目数据质量并缩短图书加工周期；二是通过提供基于图书馆图书采购、出版发行等相关大数据的图书评价和馆藏对比分析等服务，提高高校图书馆图书采购的质量和效率；三是通过支持联盟式或外包式采编模式，缩减图书馆相关业务的人员编制，实现采编人员专业技能的共享共用，从而提升采编质量，大幅降低高校图书馆在资源建设与编目方面的整体成本。

（2）共享文献获取平台

在"十三五"建设阶段，CALIS 将对原有的"文献共享平台"进一步升级为"共享文献获取平台"。目标是进一步整合国内外各级各类图书情报机构以及共享服务机构优质资源，持续打造国内服务能力最强、可获取文献最全的共享文献获取平台，进一步提升高校教学与科研资源保障能力。在此基础上，引导并推动高校图书馆文献服务从"基于馆藏"向"基于用户需求"转变，将馆际共享资源真正纳入本馆资源服务体系，进而优化馆藏资源结构，提高资源建设经济效益。

（3）商业化资源整合服务平台

商业数字资源目前主要是采用整库订购的销售模式，图书馆很难进行选择性购买或 PDA（用户驱动采购），无法根据用户的文献需求快速及时补充馆藏。CALIS 将加强与数据商的谈判和合作，建设"商业化资源整合服务平台"，将商业化学术信息资源与 CALIS 文献保障体系进行整合，引入"单篇付费""按需印刷"等新的订购方式快速帮助图书馆补充所需商业资源，面向高校读者提供更为全面、高效的学术资源检索与原文获取服务。

（4）电子资源长期保存与服务系统

电子资源已经成为图书馆资源建设的主体。大英图书馆的报告表明，预计到 2020 年世界上大约 75% 的期刊将只以数字形式或者数字和纸版混合的形式出版[3]，由此可以推断电子资源所占馆藏的比重在未来还将进一步扩大。图书馆电子资源建设与服务中存在的问题将进一步凸显，包括：电子资源分散在多平台，采用多格式，难以进行一站式服务；平台商存在业务重组、转卖、倒闭等诸多风险，图书馆采购的电子资源存在无法长期持续服务的隐患；知识产权保护下的电子资源共享面临诸多问题。建立电子资源长期保存与服务系统的需求愈加明显。为避免单馆建设的重复性投入以及标准规范统一的难题，CALIS 计划开发"电子资源长期保存与服务系统"，提供电子资源长期保存和使用服务。

（5）资源建设体系

资源建设体系是原"资源建设与数据管理体系"中"资源建设"部分的升级，主要指 CALIS 资源构成的框架设计。"十三五"期间，CALIS 将重点发展的内容包括：共享式和保障式资源建设、非正式出版物（含网页）评估与采选、特定类型资源（课件、音频、视频等）的采集与整合、高校特有资源的采集等。CALIS 将同时配套建设分布式数字图书馆平台，为以上各类资源提供分布式存储和中心式服务。

3.1.2 大数据与知识服务体系

大数据与知识服务体系是图书馆服务的新兴领域，是高校图书馆当前的研究热点以及未来的发展方向之一。CALIS 将在原有的相关项目成果基础上，面向当前图书馆服务的发展而重新规划、整合和开发大数据与知识服务体系，引导高校图书馆向相关领域和方向进行探索和发展。

（1）学科服务平台

学科服务平台是新型的以支持具体学科教学和研究为核心的综合性服务平台。它不同于通用型数字图书馆平台的资源组成与服务方式，而是面向特定领域的研究人员、教师、学生以及相关从业人员，对重要的数字文献、会议信息与相关资料、科技报告、开放教育资源、学术出版动态、升学与就业等资源和服务、学术资源交易信息等进行整合，最终建成揭示学科发展全貌、反映学科发展动态的一站式学科信息服务平台，为高校师生跟踪学科发展动态、开展交流与互动，为从业人员继续学习或寻找科研合作提供桥梁。

（2）面向智库的服务平台

2015 年，中办、两办出台《关于加强中国特色新型智库建设意见》，作为智库重要组成之一的高校智库也将迎来一个新的发展阶段。全面、及时、准确的数据以及有效的数据分析方法是智库研究的基础，数据采集、管理及分析人员将成为重要的智库组成，图书馆无疑是最佳的选择。CALIS 将建立面向智库的服务平台，探索行业或领域专家、情报分析专家与图书馆专业馆员的协同工作模式，利用图书馆员以及数据分析专家的数据采集、处理、管理以及分析技能，进一步提升智库研究的数据基础和持续能力。同时可以借由图书馆的平台保存各智库咨询活动中的中间成果和基础信息材料，进一步挖掘利用。

（3）大数据平台

2007 年，在美国国家研究理事会的计算机科学与电信委员会发表的一次演讲中，吉姆·格雷列举了数据密集型科学应该资助的 7 个关键领域，其中包括促进对科学数据管理、数据分析、数据可视化及新算法和工具的研究以及促进科学数据（不只是元数据）并支持数据与出版文献集成的数字数据图书馆的发展[4]。"十三五"期间，CALIS 将在原有数据管理体系、数据交换系统、科学数据预研项目成果、国家新闻出版总署 CNONIX 标准研制与应用研究等成果的基础上全面规划建设新型的大数据服务平台。该平台以常规数据资源的采集、清洗、分析与挖掘为基础，开展面向应用的即时大数据采集与挖掘服务。一方面对高校图书馆自身业务数据（包括反映用户行为的借阅数据等）进行采集分析，支持馆藏分析、资源建设规划与采访活动；一方面开展横跨图书馆、学术出版与发行馆配行业的数据采集与分析服务，支持图书馆采访和学术出版；此外，科学数据以及科研过程重要中间信息的收集管理与分析利用也将成为重点研究的领域。

3.1.3 情报咨询与评估服务体系

情报咨询和学科评估是高校图书馆新的服务增长点，成为高校图书馆创新和转型中发展迅速、成效显著的新服务。CALIS 将以基础数据、平台工具、标准规范、协同网络等为基础构建情报咨询与评估服务体系，面向国内教育管理机构、高校教育改革和学科评估、图书馆发展等提供相关情报与评估服务。

（1）科研产出与影响力评估

大学评估和科研成果评估已经是世界范围内共同关注的问题。2014 年 12 月 19 日，美国教育部发布《新型大学评估体系》（*A New System of College Ratings*）[5]，以期对高校的整体情况以及未来变化作出评价。国内外各种科研评估服务也愈加繁多，如汤森路透的 "The World University Rankings"、QS "TOPUNIVERSITIES"、上海交通大学世界一流大学研究中心的 "Academic Ranking of World Universities" 等。由此高校对学科发展、科研成果、人才队伍等进行自我评估的需求不断增加，图书馆拥有的数据基础以及数据管理分析技能使其成为高校开展自评估和对比评估的理想机构。CALIS 在"十三五"期间将面向学校管理和职能部门以及科研人员的需求，为学科竞争力与发展评估、人才评估、查收查引、科技查新等方面提供数据化、规范化服务，支持图书馆开展相关业务。

（2）图书馆资源与服务评估

高校图书馆资源和服务的评估也是 CALIS "十三五"建设考虑的重点内容，CALIS 将基于前期数据基础并针对性地采集整理部分数据为高校图书馆采购各类资源数据库、应用系统和其他各类服务提供前评估与后评估服务，同时提供针对图书馆发展水平的综合评估，为图书馆发展提供更好的支撑。具体包括：资源商与资源评估，服务商（如馆配、业务外包等）与服务评估，系统商与应用系统适用性与性能评估，图书馆资源、服务、业务、基础设施、人员结构等的综合评估。

（3）协同咨询服务平台

CALIS 将构建内部优势互补、协同协作、对外一体化服务的"高校图书馆咨询协同服务网"。对内倡导咨询服务个性化与专业化建设，在整合优质化多元化的咨询服务的基础上建设图书馆咨询服务协同协作服务网，通过联盟协作实现专家、知识和情报共享服务，提升高校图书馆整体咨询服务的深度和水平。

3.1.4 学术出版服务体系

图书馆服务的主要学术资源来自于各个学术出版机构。由于学术出版机构对学术资源的垄断、高盈利销售，一定程度上阻碍了学术成果的广泛传播，引起国际上学术文章的 OA 出版运动越来越蓬勃发展，以及机构知识库、网络自媒体、学者自发表论文等越来越普遍。结合当前我国高校学术出版和服务的发展情况，CALIS 基于现有相关基础工作，规划设计学术出版服务体系，主要包括：

（1）机构知识库

机构知识库正在成为高校图书馆的常规建设与服务项目。公共资金资助机构要求研究成果开放的趋势愈加明显，如欧洲研究计划 Herizon 2020 提出，到 2020 年所有公共资金资助的研究要实现开放获取。中国国家自然科学基金委员会 2014 年发布《关于受资助项目科研论文实行开放获取的政策声明》，要求所资助的研究成果"不晚于发表后 12 个月开放获取"[6]。由于机构知识库既可作为高校正式研究成果发布和保存的平台，也可作为高校原生数字资源，如学位论文、科研数据的管理与发布平台，开始为越来越多的高校所重视。CALIS 将通过机构知识库联盟中心平台整合众多机构知识库内容，提供高校机构知识库资源的一站式发现与获取服务，此外还将考虑为各机构知识库进行机构资源监护（异地保存）等服务。

（2）学术出版社出版选题策划服务

大学图书馆发现用户对于出版支持服务的需求正在增长。图书馆在开发出版服务的同时，也在越来越多地扮演着出版咨询者的角色[7]。很多的图书馆已经成为科研人员、科研作品和出版商沟通的桥梁和纽带。在"十三五"期间，CALIS计划对高校采购与借阅数据进行挖掘分析，对高校学者论文发表与引用情况等数据进行统计判断，对博士论文质量进行对比评估，在此基础上向我国学术出版社提供选题策划服务，帮助学者尽快发表科研成果，提高我国学术出版的质量和水平。

（3）唯一标识符服务

当前科研人员发表论文和专著时姓名问题十分复杂，重名、别名、中外文名等情况屡见不鲜，为信息检索、学者评价、资源关联服务等带来很大的不便。国外已推出开放研究者与贡献者身份（Open Research and Contributor ID，ORCID）系统，我国部分研究者已申请了自己的ORCID。由于信息检索、学者评价、机构评价、资源关联服务等很多服务均要使用学者唯一标识符，如果所有这类信息均掌握在国外机构手里，不利于我国相关信息服务工作的开展。因此CALIS将结合原有数字图书馆体系资源唯一标识符研究、名称规范研究与服务以及部分高校开展的相关工作，建立我国学者的唯一标识符和研究机构唯一标识符注册与服务体系。该服务将有利于我国对学术研究成果出版和成果管理的规范化，对图书馆开展深层次高质量的信息服务有极大的支撑作用。

（4）学术期刊服务

我国高校图书馆开展学术期刊评价工作是为了更好地选购

高质量学术期刊。北京大学主编的《核心期刊要览》已成为中文学术期刊评价的标杆，不仅可以更好地指导图书馆的期刊采购工作，实际上对指导学术期刊的办刊方向、提升办刊质量也起着极为重要的作用。CALIS 将在此基础上结合文献计量学和替代计量学的方法，在原有"核心期刊"评价服务的基础上开展更为科学全面的、基于网络的期刊评价、文章评价等服务。

推动中文期刊 OA 出版。2015 年 MPDL（Max Planck Digital Library）提出了颠覆传统期刊资金流的新商业模式，即将图书馆的文献订购经费向开放出版经费转化，用于支付作者在开放期刊的发表费用，从而促使科技期刊大规模走向开放获取[8]。如果这一新的商业模式得以实现，OA 将会迅速成为期刊出版的主流形态。这一商业模式的变化，不只是图书馆支付流的变革和重组，还会彻底改变图书馆在学术交流模式中的定位和作用。如何定位高校图书馆在未来的 OA 出版体系中的角色，如何构建研究人员、图书馆、期刊出版商协同协作的互动平台等都是 CALIS 将进一步探讨的问题。

3.1.5 专业馆员培训与认证体系

CALIS 多年来一直对高校图书馆馆员进行大量的培训工作。尤其是编目员，不仅培训还开展认证工作，这项举措有效地提高了我国高校图书馆书目建设工作的质量和水平，也得到出版发行行业的认可，相关从业人员纷纷参加 CALIS 的培训和资格认证，CALIS 联机编目标准已成为业界认可的行业标准。基于 CALIS 前几期的馆员培训和图书馆发展对馆员职业技能进阶的需求和现有基础，CALIS 将建立更为完善的专业馆员培训与认证体系。该体系也将对社会开放，促进面向高校图书馆的业务外包行业的健康发展。建设的主要内容包括：编制培训教材和制作课件；建立包括 MOOCs 课程、远程互动培训、在线解答咨询等主要功能的培训平台；建设技能水平考试认证平台。

3.1.6 业务系统云服务体系

CALIS 前述的各服务体系均将采用云服务架构部署，该云服务体系实际上还包括如"馆际互借系统""统一认证系统""数据交换系统"等多个已纳入其他服务体系的应用软件。以下所列业务系统的云服务体系，是专指为高校成员馆提供本地系统"租用"服务的云平台及部署其上的图书馆业务应用系统。高校成员馆通过"租用"这些应用系统，不需要购买硬件、操作系统和中间件系统，也不需要配备专门的系统管理员。这是 CALIS 推动高校图书馆，尤其是中小型图书馆运行和发展，建设"新模态"建设的重要举措。

（1）新一代图书馆系统

CALIS 正在针对当前图书馆自动化系统的最新发展需求开发新一代的图书馆集成系统。该系统可以选择本地部署，也可选择在 CALIS 云服务平台上部署。结合前面所述包括"联盟式协同采编平台"在内的各类云服务，不具备独力维护和管理该系统的中小型图书馆可以靠全套"租用"CALIS 云服务系统快速搭建起本馆信息基础设施和运行环境，在此基础上再购买一定程度的外包服务（如采访、编目、上架）等，迅速构建一个集图书馆自动化管理、数字图书馆服务、共享资源服务和情报咨询服务等为一体的先进图书馆服务体系就成为可能。中小型图书馆只需要配备少量经过培训的专业馆员即可运行和管理一个较高服务水平的先进图书馆，实现跨越式发展。

（2）面向服务的本地发现系统

当前图书馆普遍采用面向"馆藏"的发现系统，这使得CALIS及国家所建其他共享服务无法纳入本地发现系统，独立的共享服务也就不能很好地被读者所利用。为解决这个问题，CALIS将开发面向服务的本地发现系统，将融本地馆藏、可共享资源、商业资源以及经评估后推荐的未购买商业资源为一体，面向服务（读者需求）提供全面的资源发现服务。这个系统的广泛使用，可以把高校学术资源的整体保障服务率提高到95%以上，基本消除正式出版物的馆际差距。

（3）查收查引系统

近年来，高校图书馆的查收查引需求日益增多。查收查引业务的传统手工处理工作量大、存在很多重复性操作，费时费力。已有的一些查收查引系统也存在文献识别率不高、不支持多人协作等问题。CALIS组织设计和研发完成的查收查引系统可以显著提高查收查引服务的自动化水平和服务质量，大幅节省图书馆人力资源成本。该系统不仅可用于支持各校图书馆自行开展查收查引，亦可进一步应用于人才评估、学科评估等工作。

（4）学科特色资源库系统

高校图书馆特色资源建设将分为两个方向：一是馆藏特色资源数字化，OCLC研究报告显示，美国和加拿大169所有特色馆藏的研究图书馆中的97%"已经完成了一个或多个数字化项目，或有正在进行中的项目"[9]；二是围绕机构特定需求或机构荣誉开展特色资源建设，例如雪城大学图书馆创设了"堆栈"项目来收集社交网络空间内与 2016 年美国总统大选有关的各种信息。[10]CALIS 将建设学科特色资源库系统，用于支持高校成员馆建立面向学科教育和研究的特色资源库服务体系。该系统集成了一般特色资源库、机构库、学位论文库和教学辅助资料库等多套传统应用软件的功能。

3.1.7 图书馆发展创新平台

图书馆发展创新体系是 CALIS 及高校图书馆整体发展的核心机制之一。它主要包括专门为 CALIS 项目和图书馆发展所建的北京大学数字图书馆研究所、CALIS 技术中心、CALIS 深圳技术中心以及面向高校图书馆和图书情报专业研究人员的开放实验室体系。这套体系为 CALIS 发展提供了坚实的理论和技术基础。

图书馆发展创新平台的主要内容包括：一是研究前沿与关键技术，即围绕着图书馆和 CALIS 发展，如项目建设中的一些关键性问题开展协同研究，指导相关服务体系的建设和关键技术研发。二是开发高校图书馆应用产品交换平台，用于支持各成员馆发布自己开发（或在 CALIS 平台上进行的二次开发）的各类应用软件、工具软件、APP 等，便于其他成员馆免费共享或付费使用，这是对 CALIS 各服务体系的个性化补充。三是 CALIS 服务体系总体标准规范研制与应用，标准规范应用包括培训、开发相关工具插件以及互联和数据交换测试环境等。四是建设应用系统和工具的研发、测试与集成环境，这是发展创新平台的技术"工作台"，包括对研究开发的支持，以及所有自行研发、委托开发的软件和工具进行集成环境测试和试运行的平台，也是标准规范体系的验证平台。

3.1.8　可持续机制

CALIS 运行维护规模在不断扩大，新项目的建设还会使运维规模继续大幅增长。考虑到政府不可能长期提供充足的、不断上涨的运维经费支持，CALIS 需要逐步建立一套可持续服务的机制，这将成为"十三五"建设的一个重要组成。

为此，CALIS 将采取"免费公益服务"与"非盈利市场服务"相结合的机制。前三期建设所提供的免费公益服务将继续坚持其"公益性"，如联机编目、馆际互借、通用资源发现等。后续建设的一些基础服务，如唯一标识符服务、标准规范认证服务等事关 CALIS 共享体系根本的服务，也将纳入免费公益服务范围。其他后续建设的项目和服务将考虑采用"非盈利市场服务"的机制进行设计。

3.2　CADAL "十三五"主要建设内容

CADAL "十三五"（以下简称 CADAL 三期）建设内容概述为"整合海量资源，融合先进技术，泛在个性服务，全球开放合作"。

3.2.1　整合海量资源

CADAL 项目三期将继续扫描加工包括中文古籍、民国文献、中外文现代图书、中文现代报纸、外文科技报告、地方文史资料和图形图像、声像资料等资源，目标总量为 250 万册

（件），形成"人无我有，人有我优，人优我特，人特我专；点面结合，纵横相贯，中外汇聚"的特色化资源体系，争取到本建设期末，CADAL 项目全文数字资源总量达到 500 万册（件），继续保持国际上最大的公益性数字图书馆的地位，为我国高校教学、科研和对外文化传播提供强有力的文献信息支撑服务。

拟组织数字化的资源以中文资源为主，以外文（含少数民族语种）为辅；以人文社科资源为主，以自然科技资源为辅；以特种文献、灰色文献、地方文献为主，以现代正式出版物为辅。分布情况如下：中文文献 150 万册，其中现代文献 100 万册，地方文献 30 万册，古籍与民国文献 20 万册；外文与少数民族文献 100 万册，其中外文文献 80 万册，少数民族文献 20 万册。开放资源建设，包括开放知识库建设、微内容建设以及文献数字化和资源 OCR，引入群体智慧，协同创新，进行知识的重新挖掘与重组，使资源共建共享从 B2B 走向 B2C，甚至走到 C2C。

创新吸收科研数据与微内容课件，使之成为三期资源建设主力，进一步丰富 CADAL 资源类型，从传统文献的数字化逐步转向多元化全方位资源建设；完善中文特色资源体系，重点建设中文和中国文化资源以及研究中国文化的非汉语资源；重点挖掘精品资源，完成资源质量提升，形成一批独具特色的资源库。

实现原生数字资源的获取、保存以及服务，吸引读者贡献、分享成果，构建与数字出版对接的服务与发行平台，收集保存各类原生数字出版物。

通过与公益性数字图书馆的联合共建，以及整合商业数据资源，实现对全球文献资源的"云检索"，保持国内外公益性数字图书馆规模的领先地位。

3.2.2 融合先进技术

"十三五"建设期间，为发挥 CADAL "学术数据海"的效益，CADAL 将重点建设"学术计算云"，解决"数据海"的存储、管理、组织、检索、传输和使用等问题，具体为：数字图书馆云基础设施、海数据安全、数字资源的知识组织、跨媒体信息服务、面向学科领域的知识服务以及电子/移动阅读服务等几个主要领域。

（1）架构云计算，支撑海数据

数字图书馆的数字资源将超越 PB 级存储量，月访问量将超过千万次级别，传统的存储和访问架构将满足不了海量数据的分布式并发需求。同时，CADAL 服务依赖于对数据和用户的深度挖掘，需要大量的计算，传统的集中式计算平台将面临巨大挑战。为此，要建设基于云计算的新型基础架构，以支持海量数据的存储和计算。

（2）依托计算云，提供新服务

CADAL "学术数据海"建成之际，提供基于资源库的各类知识服务，对于发挥海量数据的效益非常关键。在"十二五"期间，移动阅读日趋成熟，数字图书馆读者数量大幅增长，为满足读者对于知识多样化、精细化、实时化的新需求，依托 CADAL "学术计算云"，将提供个性信息服务、基于资源库的创新设计服务以及云协作服务。

（3）通过计算云，对接新平台

CADAL "学术数据海"在完成纸质出版物的扫描加工的同时，也要实现原生数字资源的获取、保存以及服务，CADAL "学术计算云"计划构建与数字出版对接的服务与发行平台，推动开放的数字图书馆模式，推进建立行业标准，一方面和出版社实现对接，收集保存各类原生数字出版物，另一方面吸引研究人员贡献分享最近的研究成果，并且通过移动通讯网、互联网、数字电视网发行各类数字资源，向读者提供手机、平板电脑、个人 PC 等终端上的数字阅读云服务。

（4）支持海数据，转变服务内容

数字图书馆将由数据服务向知识服务转变，而知识组织是知识服务的基础。针对异构的海量数字资源，研究知识抽取、知识表达、知识发现、知识挖掘、知识推理、知识创新以及知识可视化等技术，实现知识组织系统以支持"海数据"的知识服务。

（5）研发跨媒体技术，支撑跨媒体信息服务

为充分利用数字图书馆中丰富的跨媒体知识，将研究开发跨媒体信息服务技术，重点突破跨媒体表达、跨媒体相似度计算、复杂媒体分析、跨媒体索引、跨媒体检索、跨媒体推理以及海量跨媒体处理等技术，从而支撑 CADAL 的跨媒体信息服务。

3.2.3 泛在个性服务

CADAL 三期将在海量资源与分布式服务体系的基础上，着力解决资源的解释、服务和利用效果，树立以用户为中心的服务理念，突破数字资源单向供给的固有模式，引入众包模式，实现更高层次的知识服务。

（1）转变服务模式

由数据服务向知识服务转变，构建基于 Web2.0 的互动共享

"服务云"，提供不分时间、地点、终端、用户的不间断知识服务，将 CADAL 数字图书馆的信息服务嵌入用户工作环境、学习环境和日常生活中，构建用户的随身信息环境，使用户通过各种交互方式，随时获取文献信息服务、知识导航服务以及动态的信息传送和传播等服务。

（2）构建知识框架

建立跨学科、跨媒体的立体知识结构框架，通过普通标引、知识标引、计算机知识挖掘等多种手段，揭示出不同信息、文献、知识的深层次联系，提供具有知识创新能力的数字资源集成服务，以满足知识管理时代数字图书馆用户的需求。

（3）完善现有服务平台，搭建新型服务平台

完善协同工作平台。针对项目二期建设过程中读者服务协同工作平台的问题与缺陷，CADAL 将不断改善平台功能，提升人性化服务与系统的开放性，壮大服务规模，制定和贯彻协同平台服务规范，建立常规长效的服务管理监督机制，进一步提升咨询服务的服务效率与服务水平。

构建 CADAL 移动服务体系。CADAL 三期将逐步构建信息环境下的移动服务体系，满足用户随时、随地享受 CADAL 服务的需求，将 CADAL 的服务和资源直接推送到用户的智能终端。

（4）开展元数据合作，加强资源整合

CADAL 三期将加强元数据合作与交换，进一步丰富 CADAL 的数据类型。与国内的合作方如 CALIS 实现联合目录的建设与馆际互借，实现内容与元数据的对接。海外元数据合作主要包括英文文献的共享共建以及海外如哥伦比亚大学等馆

藏中文文献的元数据的委托处理等。除此之外，CADAL 三期的核心思维是从 B2B 转向 C2B，实现元数据的开放，使用户参与元数据的完善。

3.2.4 全球开放合作

对外交流与合作是数字图书馆建设走向全球化必不可少的一个环节，CADAL 前两期建设为 CADAL 的国际交流与合作奠定了良好的基础，并积累了丰富的经验。目前已成立 CADAL 项目香港地区合作中心，联合香港地区多家高校及图书馆，共同参与 CADAL 的共建共享；CADAL 与北美多家高校建立了良好的关系并已经开始进行探索性的数字图书馆合作，包括哥伦比亚大学、哈佛大学、斯坦福大学、芝加哥大学、康奈尔大学、耶鲁大学、普林斯顿大学、密歇根州立大学、英属哥伦比亚大学、法国国立科研中心等图书馆均签订了数字资源的试用协议；哈佛大学燕京图书馆成为 CADAL 的永久海外会员；哥伦比亚大学开始与 CADAL 详细洽谈缩微胶卷及甲骨文数字化合作项目并签订相关协议；作为联合国教科文组织在中国成立的工程知识中心的核心组成，CADAL 将以全新的方式为全球各地的学者提供更多的支持；另外与包括牛津大学、美国研究图书馆协会、美国加州大学、日本国立国会图书馆在内的世界各馆的合作也在不断的探讨洽谈中，为 CADAL 三期的对外交流与合作打下坚实基础。

CADAL 三期将基于共建共享的建设原则，实现与北美、欧洲、日本、东南亚等发达地区的图书情报机构的合作交流，不断进行发展海外永久会员等新型合作模式的有益尝试，并从项目的可持续发展角度出发，积极探索建立可持续发展联盟的可能性。

与此同时，CADAL 项目将积极开展与国内数字图书馆项目的共建共享，并将在 CADAL 三期建设中就资源、服务、技术、人才培养等各方面开展合作共建，以促进我国数字图书馆建设的全面提升和有效共享。

CADAL 三期全球开放合作主要建设内容包括：

（1）着眼于全球资源共建共享，在全球范围开展包括标准、资源、技术、人才、服务等多方面交流与合作。

（2）引导建设建成全球大学数字图书馆联盟，推广应用数字图书馆建设标准，创建数字图书馆新型服务模式，构建数字图书馆全球服务网络，为用户提供无国界、无差别的泛在的创新知识获取服务。

（3）创建全新的数字图书服务模式及共建共享模式，与全球信息情报机构的共建共享从 B2B 转向 B2C、C2B 和 C2C。

CADAL 三期通过上述几个方面的建设，将使 CADAL 项目在资源规模、服务能力、技术水平诸方面继续居国际领先水平，并培养一批兼具国际视野和数字图书馆专长的人才队伍，为我国高等教育和科学研究提供强有力的数字化文献信息保障。

四、结语

CADLIS"十三五"规划的重点是提升图书馆的价值，带动图书馆整体快速发展。在宏观层面上，通过建立和发展各类图书馆协同发展联盟，构建图书馆业界合作"新模态"；通过促进与出版发行等外部行业的深度合作和融合，形成适合图书馆生存和发展的"新业态"。在资源层面上,致力于"人无我有,人有我优,人优我特,人特我专;点面结合,纵横相贯,中外汇聚"的特色资源体系建设,继续保持国际公益性数字图书馆建设的领先水平和重要地位。在业务层面上,以"规范基础业务"和"创新服务模式"为主线,实现以"平台""标准""评估"为基调的基础业务管理模式,以及以"研究""工具""指南"为核心的服务创新路线。与此同时,CADLIS 将变革信息技术的工作架构,以云技术和云端服务为主导,将"互联网 +"全面应用到业务和服务,为高校图书馆提供全方位的发展支撑。

参考文献:

[1] 北京大学,浙江大学等.中国高等教育文献保障体系——中国高等教育数字化图书馆建设(CADLIS)项目总结报告 [Z],2006.

[2] "211 工程"三期高等教育文献保障体系项目建设取得丰硕成果 [OL].教育部简报,2012,142.
http://www.moe.edu.cn/jyb_xwfb/s3165/201209/t20120911_141953.html.

[3] Library British. 2020 vision[OL].[2015-9-10].http://www.bl.uk/aboutus/stratpolprog/2020vision/.

[4] Tony Hey 等;潘教峰等译.第四范式:数据密集型科学发现 [M].北京:科学出版社,2012: 232-233.

[5] A New System of College Ratings[OL]. http://www2.ed.gov/documents/college-affordability/framework-invitation-comment.pdf.

[6] 中国国家自然科学基金委员会.关于受资助项目可研论文实行开放获取的政策声明 [OL].[2015-9-10].http://www.nsfc.gov.cn/publish/portal0/tab38/info44471.htm.

[7] Maria Bonn, Mike Furlough.Getting the Word Out:

Academic Libraries as Scholarly Publishers[OL].[2015-10-10].http: //www.ala.org/acrl/sites/ala.org.acrl/files/content/publications/booksanddigitalresources/digital/9780838986981_getting_OA.pdf.

[8] Disrupting the subscription journals' business model for the necessary large-scale transformation to open access: A Max Planck Digital Library Open Access Policy White Paper[OL].[2015-12-20].http: //pubman.mpdl.mpg.de/pubman/faces/viewItemOverviewPage.jsp?itemId=escidoc: 2148961.

[9] ACRL. 2012 top ten trends in academic libraries: A review of the trends and issues affecting academic libraries in higher education[OL].[2015-11-12]. http: //crln.acrl.org/content/73/6.

[10] 孙梦曦.大数据促美国大学图书馆转型 [N].中国社会科学报, 2015-11-30.

关于进一步发挥党校图书馆功能的若干意见

中共中央党校图书馆课题组

当前，党校图书馆事业正面临着新形势、新任务与新需求，挑战与机遇并存。为了深入贯彻中央治国理政的新理念新思考新战略，贯彻落实全国党校工作会议精神，解决长期制约党校图书馆实现转型发展的突出问题，进一步发挥党校图书馆在党校教学科研和干部培训工作全局中的重要作用，现提出若干指导意见。

一、党校系统图书馆工作现状与突出问题

（一）近年来，在各级党校校委的关心和支持下，党校图书馆事业加快转型与发展，业务职能进一步扩展。传统优势与现代技术有机结合，文化职能和服务功能实现创新发展，数字资源平台和多媒体服务体系逐步搭建，文献开发和古籍保护工作也在不断推进。另一方面，与党校事业快速发展的要求相比，图书馆转型发展步伐迈得还不够大，服务工作还不能完全适应新潮流、新需求和新任务，功能弱化与生存危机仍在一定程度上存在，具体表现为"三个不适应"：一是在信息化浪潮的冲

击下，阅读革命悄然发生，沿用相对落后的服务手段和较为单一的服务方式，不适应学工人员读书学习需求的新变化，致使读者到馆率、借阅率呈下降趋势；二是数字资源建设没能紧紧聚焦于党校主业，尚未建成党校系统"共建共享"平台，不适应教学科研工作与干部教育培训的新要求；三是开展文化活动缺乏整体谋划，水平参差不齐，不适应建设文化校园的新形势。总之，着眼于为党校中心工作提供服务与保障，图书馆的功能没有得到充分发挥。

（二）党校图书馆目前存在的种种问题，主要根源在于各党校图书馆的主观能动性欠缺，具体表现为：对转型发展工作的紧迫性认识不足，满足现状、不愿改变的惰性仍在一定范围内存在；对外部形势的变化不敏感，发展理念趋于落后，不善于利用新技术、新手段创新性地推进工作；服务工作主动性不足、针对性不够，对读者的调研不够深入、广泛，致使服务水平不尽如人意等等。同时，一些客观存在的制约条件构成了图书馆转型发展的短板：部分党校对图书馆工作重视不够，缺乏有效的支持政策，经费短缺问题突出；人员结构不尽合理，馆员整体素质偏低，缺乏有效的人才引进、培养和使用机制；馆舍条件有限、硬件设备陈旧，影响了服务质量的提升。

（三）针对转型发展过程中不适应、不到位的问题和制约转型发展的主观、客观原因，各党校图书馆须努力革除陈旧的发展理念、被动的工作模式、落后的服务手段，推行先进的发展理念、主动的工作模式和创新的服务手段，谋求更大的作为，实现更好更快的发展。

二、进一步发挥党校图书馆功能的重要性和紧迫性

（一）这是应对信息化挑战、推进图书馆转型发展的必然选择。图书馆作为传统的文献资料中心和知识服务窗口，处在信息革命的中心地带。只有直面挑战、紧跟潮流、革旧鼎新、迎难而上，实现服务手段和管理体系的现代化，才能夯实生存之基础，实现长久发展。

（二）这是服务于党校教学工作、保障干部教育培训的内在要求。党的十八大以来，党中央对干部队伍建设和干部教育培训提出了更高的要求，党校作为培训轮训党员干部的主渠道和干部党性锻炼的熔炉，承担的教育培训责任更加重大。图书馆是党校的重要组成部分，是广大党员领导干部读书学习的重要场所，是以图书资料和数字资源形式向党校学工人员提供理论武装和知识学习的重要平台。面对新形势，党校图书馆只有进一步明确定位、调整服务重心、改进服务方式，才能适应党中央更高的要求和广大学员更高的期待，才能在服务党员干部的理论教育和党性教育方面有更大作为。

（三）这是服务于党校科研工作、为党校智库建设提供文献服务与信息保障的迫切需要。党中央着眼于建立健全决策咨询制度，把中央党校置于智库与创新工程发展新格局的重要位

置，并要求先行开展试点。《关于加强中国特色新型智库建设的意见》明确指出，"快速准确获取信息是智库建设的立根之本"，中国特色新型智库要具备"功能完备的信息采集分析系统"。党校图书馆作为党校综合性文献资料中心、马克思主义理论和多种知识的储备库，要定位好智库与创新工程建设"大后方"的角色，尽快建立健全信息服务体系，提供多种新形式的信息服务，为资政议政、决策参考提供强有力的信息支持和文献保障。

（四）这是服务于马克思主义舆论宣传阵地、加强思想引领的战略任务。党校是宣传马克思主义的重要理论阵地，在重大思想理论问题和社会焦点问题上发挥着解疑释惑、引导舆论的作用。党校图书馆应该从自身优势出发，为党校舆论宣传阵地的建设提供可靠的信息来源和便捷的信息发布平台。为此，必须抢占数字化、网络化、移动化转型的主动权，利用新兴技术手段推进互联网上马克思主义舆论阵地建设；加快优势转化，将信息储备优势转化为网上宣传优势；打破地域限制，让读者通过互联网随时随地获取图书馆的信息与服务，以主流思想文化积极引领社会思潮。

三、新形势下党校图书馆建设的指导思想、基本定位与具体目标

（一）党校图书馆建设的指导思想是：坚持以中国特色社会主义理论体系为指导，认真贯彻落实中共中央《关于加强和改进新形势下党校工作的意见》和全国党校工作会议精神，遵循干部成长规律与党校教育规律，顺应信息技术高速发展的新形

势，着眼于更好提供系统、权威、高效、便捷的文献资料与数据信息服务，营造浓厚的校园文化氛围，以"转型为要务、服务为根本、文化为引领、队伍为基础"为工作重点，建立适应读者学习习惯与阅读需求的服务体系，发挥好服务于党校教学、科研与智库建设等功能。

（二）在新形势下党校图书馆的基本定位是：为党校教学、科研与智库建设提供信息服务与资源保障。围绕这一定位，应发挥好三方面的功能：一是要做好纸质文献服务保障，重点加强特色文献建设，办成多功能、现代化的文献资料中心。要加强采集、保护与开发古籍文献的能力，丰富文献服务形式，做好文献传递服务，为新形势下干部培训和教学科研提供理论武装和知识大餐。二是要适应移动互联迅速发展的新形势，做好数字资源服务与保障。加强数字资源建设，研究和制作一批精品数字资源，为党校教学、科研与智库建设提供强有力的信息保障，为党政领导科学决策提供信息咨询，为正面引导网络舆论提供有效手段。三是积极开展和组织各种文化活动，传播先进文化、弘扬正能量，努力营造浓厚的校园文化氛围，丰富学工人员的精神文化生活。

（三）党校图书馆建设的具体目标为：在读者服务方面，进一步增强主动服务的意识，创新服务模式，增设现代化的服务手段，提高读者满意度和资源使用率；在馆藏建设方面，加强党校优势学科与重点学科的图书采编，增强文献采编与教学科研的关联度，完成馆藏古籍的普查登记工作，建成较为完善的文献保护、展示与开发利用体系，中央党校图书馆要建成全国古籍重点保护单位；在数字资源建设方面，制定并实施党校系统图书馆数字资源建设"十三五"规划，建设全国党校系统数字资源共建共享平台，切实提高数字资源建设的针对性、实用性、时效性；在文化建设方面，要加大文化展览和读书活动的组织力度，丰富活动形式、提升活动品位，打造文化品牌活动，形成长效工作机制，在文化校园与书香校园建设中发挥重要作用。

四、进一步发挥图书馆功能的若干措施

（一）以转型为要务，建设多层次的知识推送平台。要转变信息传递与知识服务方式，引领学习革命、占领宣传高地。（1）中央党校图书馆已初步建成的中国干部学习网、"学习中国"APP等平台体系，今后应进一步创新党员干部理论学习和理论宣传的新途径，不断扩大社会影响力。（2）各地方党校图书馆应转变传统思维，适应新形势的要求，做好转型创新总体设计，利用互联网技术拓展服务形式和功能。（3）立足互联网，建设马克思主义网上宣传阵地，积极引导社会舆论、引领社会思潮。

（二）以数字资源建设为重点，积极推进图书馆的转型发展。（1）挖掘数字资源建设新的增长点。围绕党校教学与智库建设创新工程的需要，建设"马克思主义理论教育""习近平总书记系列重要讲话""领导干部党性修养""新型高端智库建设"等四个新的专题数据库，加大"红色资源"开发和利用力度，并在干部教育中发挥更大作用。（2）发挥全国党校系统优势，联合建设数字资源。中央党校图书馆要发挥统筹作用，以专题数据库建设为中心，统一建设标准，试行联合采购机制，建立

全国党校系统数字资源共建共享平台；各级党校图书馆要发挥地方优势、突出地方特色，完成好专题数据库子库的承建工作。（3）提高数字资源使用效益。尽快将已建成和正在建设的数据库投入使用，以用促建、边建边享，真正发挥数字资源的重要价值。

（三）以服务为根本，全面提升服务水平。（1）全面开展调研。采编工作要深入学工人员，开展及时、主动、经常的需求调研，有针对性地采编文献，提供有效的读者服务。（2）加大宣传力度。要通过移动服务平台、服务手册、网站、展板等多种途径，主动宣传与推荐图书馆各类文献资源，提高资源使用率。（3）有针对性地开展推送服务。要强化需求导向，建设可持续、全方位、方便快捷的知识推送体系，多渠道、多层次为学工人员提供"能用、管用、好用"的"知识套餐"。

（四）以学科化服务为中心，致力于建设研究型图书馆，提升参考咨询服务水平。（1）逐步建立完善学科馆员制度，基于资源重组和知识研究开展参考咨询、文献提供等专业性工作。（2）紧密跟踪理论前沿和重大现实问题，做好文献的研究综述与梳理整合，提供有深度的专题资料。（3）充分利用大数据技术，对舆情热点问题进行采集和分析，为党政领导科学决策提供咨询。

（五）以传承文化为使命，做好古籍保护工作。（1）开展普查，制定规划。各党校图书馆应按照文化部要求，结合本馆实际，做好古籍普查登记工作，制定古籍保护中长期规划。（2）加强保护，善于开发。建立古籍普查、修复、展示、研究、利用"五位一体"的管理与保护体系。开展再生性保护与开发，有序实现珍贵文献的数字化。（3）借助外力，合作共赢。加强与国家、本地区古籍保护中心和相关单位的联系，开展技术互助、人才交流与合作共建。

（六）以先进文化为引领，拓展和延伸图书馆的文化服务功能。（1）让文化"走进校园"。积极引进丰富多彩的文化展演活动，营造浓厚的校园文化氛围。（2）让文化"走近学员"。围绕"书香校园"建设，组织开展各类读书活动，引导树立读书风气，激发党员干部的读书兴趣。（3）让文化传播出去。利用图书馆文献研究和开发的优势，打造一批服务于教学科研、干部培训和参政议政的品牌刊物，传播先进文化，增强社会影响力。

五、进一步发挥图书馆功能的基本保障

（一）充分利用中央党校实施教学与智库建设创新工程的重要机遇。围绕党校"干部培训""理论建设""思想引领""决策咨询"四大职能，明确新任务新要求，制定既立足长远又现实可行的创新目标与计划。以研究型图书馆建设与学科化服务为着力点，强化管理与服务创新，为党校教学科研提供系统、权威、高效、便捷的数据资料服务。地方党校图书馆要根据本馆的实际情况，制定服务创新、管理创新的目标和规划，在读者服务、资源建设和校园文化建设上取得新突破。

（二）建设高素质人才队伍。建设研究型图书馆，要将人才问题纳入重要工作日程，确立"人才强馆"战略，在人才培养、人才使用上加大力度。各级党校要将图书馆所需专业人才纳入学校人才引进计划，给予切实支持。各党校图书馆应着眼

于业务能力、科研水平、理论素养的整体提升，科学制定培训和科研计划；营造良好的学习和研究氛围，创设有效的科研激励机制和有序的竞争机制，逐步建立研究型学科馆员队伍；加强人员管理，调整和优化内设机构，明确岗位责任，完善考核机制。

（三）切实保障经费投入。各级党校要充分认识到经费保障对党校图书馆进一步发挥功能的重要意义，有针对性地逐年增加投入。党校图书馆要合理规划与使用经费，切实提高经费的使用效益。要破除"等""靠""要"思想，深入研究相关政策法规，争取政策支持，为图书馆转型发展事业争取更多的资金支持。

（四）加强合作、发挥整体优势。要树立全国党校一盘棋思想，加强联系，协调发展，形成全国党校图书馆横纵相联、全面参与的转型发展大局。中央党校图书馆要发挥全局规划和业务指导功能，各级党校图书馆要加强跨区域和跨层级的业务交流和资源整合。要发挥好全国党校文献情报学会、全国党校数字图书馆理事会的组织协调功能。要加强与图书馆业界及其他单位的信息共享与技术合作，推进以数字资源共建共享为中心的合作共赢。

（五）推进制度建设。中央党校图书馆应加快推进数字资源建设标准规范的推广应用，逐步完善涉及全国党校图书馆合作项目的各类制度规范，增强系统内合作的规范性与可持续性。各党校图书馆要按照全国党校工作会议的精神，结合本馆实际情况，开展建章立制、优化流程、规范管理，确保图书馆工作任务的落实。

课题组组长：郝永平
课题组成员：刘俊瑞　郝　莉　赵明芳　郑光辉
　　　　　　张庆敏　任　青　徐桂花　周　虹
　　　　　　阎荣舟　陈型颖
执　　　笔：陈型颖

全国党校系统图书馆数字资源建设规划（2016—2020 年）

中共中央党校图书馆项目组

　　为贯彻落实全国党校工作会议精神，着眼于服务党校"干部培训、理论建设、思想引领、决策咨询"的四大职能，围绕党校的中心工作以及教学与智库建设创新工程的需要，促进全国党校系统图书馆数字资源建设的持续健康发展，特制定本规划。

一、数字资源建设的现状和问题

（一）"十二五"回顾

　　过去的五年，全国党校系统图书馆以"三大文库"建设为中心，完成了"十二五"规划确定的主要目标和任务，数字资源建设稳步推进，党校特色数据库群初具规模。五年来取得的主要成绩有：

　　完成全国党校系统图书馆馆藏资源的摸底工作；完成以"三大文库"为中心的数字资源建设任务，初步建成 62 个中小型特色数据库，全国党校系统图书馆的数字资源数量持续增长；软硬件基础设施明显改善；部分省级党校实现了区域内的

资源共享，促进了区域内的数字资源建设协调发展；完成中央党校数字图书馆工程主题词表编制和标准规范研制工作，为推动数字图书馆工程建设奠定了基础；中央党校完成了馆藏古籍地方志的扫描、数字化工作，初步建立了中央党校古籍典藏数据库。

（二）主要问题

必须清醒地认识到，全国党校系统图书馆数字资源建设中还存在着一些亟待解决的问题，主要表现为：图书馆传统业务与数字资源建设尚待进一步融合；数字资源建设的标准规范尚未完全统一；数字资源共建共享平台尚未建立；数字资源联合采购的机制尚未形成；适应全国党校系统图书馆数字资源建设的管理体制与运行机制有待进一步完善；数字资源的使用率有待进一步提高。

二、"十三五"时期数字资源建设的指导思想和总体目标

（一）面临的机遇与挑战

"十三五"时期既是全面建成小康社会的决胜阶段，又是党校事业发展的关键时期。"大数据"技术的迅猛发展、新媒体的崛起和以移动互联为核心的信息技术的广泛应用，深刻影响用

户获取知识的行为与方式；全国党校工作会议的召开、中共中央《关于加强和改进新形势下党校工作的意见》的出台和中央党校教学与智库建设创新工程的启动，对图书馆工作提出了更高的要求。全国党校系统图书馆数字资源建设既迎来了难得的机遇，也面临着严峻的挑战。

为此，全国党校系统图书馆要抓住发展机遇，积极应对挑战，努力推动数字资源建设迈上新台阶。

（二）指导思想

全国党校系统图书馆要坚持以中国特色社会主义理论体系为指导，贯彻落实《中共中央关于加强和改进新形势下党校工作的意见》和全国党校工作会议精神，以服务于党校四大职能为着力点，认真研究干部成长规律和党校教育规律，适应中央党校实施教学与智库建设创新工程的要求，把握信息技术和新媒体发展的新形势，不断增强数字资源建设工作的针对性、适用性和实效性，全面提升全国党校系统图书馆数字资源建设水平。

（三）总体目标

全国党校系统图书馆资源建设要顺应党校干部培训的发展新趋势，围绕党校中心工作及党校教学与智库建设创新工程，重点建设好"四大专题数据库"——"马克思主义理论教育专题数据库""习近平总书记系列重要讲话精神专题数据库""领导干部党性修养专题数据库""新型高端智库建设专题数据库"。本着纸质文献与数字资源齐抓、自建特色资源与购买成熟商业资源并重的原则，通过先进的技术手段，科学组织资源，为读者提供方便快捷的资源服务；通过"四大专题数据库"建设，进一步丰富数字资源内容，完善数字资源服务体系，提高数字资源建设的综合保障能力，为促进党校中心工作的发展提供有力支撑；在全国党校系统图书馆形成大集中、小分散、各尽其能、各取所需、相互依存、相互合作的数字资源共建共享体系。

三、专题数据库建设的内容与要求

（一）主要内容

"四大专题数据库"将构建起全国首个服务于党校干部培训、理论建设、思想引领和决策咨询的系列专题数据库群。该数据库群包括：

"马克思主义理论教育专题数据库"。以马克思主义基本原理、经典著作及马克思主义中国化理论成果为主体，吸收"马克思主义理论文库"的有关内容，建成涵盖党校马克思主义理论教育专题数据库。

"习近平总书记系列重要讲话精神专题数据库"。内容以习近平总书记的著作、讲话、论述为主体，结合专家解读、专题研讨、学习心得等内容，集文字、图片、音视频等多种呈现方式于一体，建成旨在全方位、多角度地展现习近平总书记重要讲话精神的专题数据库。各地方党校图书馆应侧重于整合习近平总书记系列重要讲话精神贯彻落实情况的数据与信息。

"领导干部党性修养专题数据库"。在"中国共产党历史文库"的基础上，整合"红船精神""井冈山精神""长征精神""延安精神""西柏坡精神""沂蒙精神""焦裕禄精神""红旗渠精神"等专题资料，建成旨在全面提升领导干部党性修养的数据库。各地方党校图书馆根据自身条件与资源状况，可参与本专题数据库的部分建设任务。

"新型高端智库建设专题数据库"。围绕提高国家治理能力和实现治理体系现代化，聚焦经济社会发展中的重大理论和现实问题，建成旨在为中央决策提供参考与咨询的"新型高端智库建设专题数据库"。各地方党校图书馆也要立足于本地实际，为地方党委、政府决策提供信息咨询。

（二）阶段任务

"四大专题数据库"项目建设周期计划为五年，分三个阶段进行。

第一阶段（2016—2018 年）：完成基础数据的采集和标准化加工，构建全国党校系统图书馆共建共享平台和移动终端服务平台，实现参建馆之间的共建共享。

第二阶段（2018—2019 年）：建立基于大数据知识服务的门户平台。

第三阶段（2020 年）：基本建成体系完整、平台共享、技术成熟、特色鲜明的数据库群，为党校教学与智库建设创新工程提供智力支撑。

（三）基本要求

1. 突出使用与覆盖，主动推送数字资源

各级党校图书馆要把"服务"理念贯彻于数字资源建设的

始终。以用户需求为导向，以实现共享、强化适用为目的，利用先进的资源采集技术和资源服务手段，实现数字资源多领域、多平台覆盖；搭建知识推送平台，主动进行多层次、多角度、多媒体的信息推送；创新服务方式，不断完善专业顾问、参考咨询、自助服务等知识服务模式，提升知识服务能力。

2. 加强合作交流，推进各馆资源建设协同发展

在数字资源建设过程中，各级党校图书馆要树立全国党校一盘棋思想，加强纵横联系和区域合作，实现联动共建和优势互补，避免重复与浪费；要加强与图书馆业界及其他单位的信息共享与技术交流，不断深化以数字资源共建共享为目标的协同发展。

3. 认真研究与知识产权和版权相关的法律规范，妥善处理知识产权问题

要深入学习和研究《信息网络传播权保护条例》《国务院关于修改〈信息网络传播权保护条例〉的决定》等有关知识产权的法律法规，加强对移动多媒体时代知识产权保护的研究，在严格遵守国家有关法律、法规的前提下，妥善处理知识产权问题。

4. 整体推进共建共享工作

共建共享是积极稳妥地推进全国党校系统图书馆数字资源建设的唯一途径，也是一项开创性工作。要认真研究建设过程中的组织协调、标准规范、技术保障、经费投入、数量与质量、

检查和评估等相关问题，探索建立并逐步完善工作机制，强化信息交换与经验交流，既要共建共享，还要边建边享，及时展现工作成效，把共建共享工作落到实处。

(四) 组织实施

中央党校图书馆负责统筹规划"四大专题数据库"项目的框架结构，组织子项目申报，提供建库技术规范指导，建立全国党校系统数字资源登记查询系统，并对各地方党校的承建项目进行评估和验收。

地方党校图书馆要根据地方优势和特色，本着"联合、开放、创新、共享"的原则，通过引进、采集、自建等多种方式参与到共建共享工作中来。参建单位要充分总结"三大文库"建设的基本经验，科学制定实施方案，组建建设团队，筹集校级和部门两级配套资金，集中优势力量，提高建设质量和效率。

四、专题数据库建设的保障措施

(一) 推广应用标准规范

数字资源共建共享，首先要做到标准规范的统一。要以中央党校数字图书馆工程已经建立的标准规范体系的推广应用为重点，加强标准规范的推广和培训，努力形成全国党校系统图书馆数字资源建设的统一标准体系，为资源的共建共享打下坚实的基础。

(二) 试行数字资源联合采购机制

中央党校图书馆要在充分调研和论证的基础上，结合省级党校图书馆实际情况，着手试行数字资源联合采购机制。该机制旨在通过联合购买降低采购成本，解决版权和共享问题，充分发挥资源使用效益，逐步形成一批具有党校特色和自主版权的数字资源。

（三）以需求为导向推进数字资源建设

党校系统图书馆要把服务理念融入数字资源建设全过程，抓住制定"十三五"规划的契机，重点做好服务对象的需求调研和分析工作。在制定数字资源建设方案时，要以需求为导向，充分征求读者的意见和建议，进一步提高资源建设的针对性和实效性。

（四）完善人才引进和培养机制

各馆要以提高数字资源建设的专业技术水平和业务素质为核心，以灵活、管用的政策措施加快建立健全分层级、分类别的人才培养机制，加大高层次数字资源建设领军人才及专业人才的引进力度，构建起适应新形势的数字资源建设人才梯队结构。同时，要加强全国党校系统图书馆专业人才培训，逐步建立学科馆员制度，提升党校系统图书馆员的整体素质。

（五）加大数字资源建设经费投入

经费是数字资源建设的重要保障。各级党校应当根据数字资源建设的需要设立专项资金，并列入党校财政预算。同时，各校应多途径筹措建设经费，逐年加大数字资源建设经费投入的力度，以保证数字资源建设规划顺利实施。

（六）抓好"两网一体化"发展

中央党校图书馆要统筹谋划中央党校图书馆网与中国干部学习网"两网一体化"发展，在充分整合"两网"相对优势的基础上，努力建成立足党校、面向社会的马克思主义理论网络宣传阵地和建设学习型政党的数字资源综合服务体系。各地方党校图书馆要根据自身条件科学规划数字资源建设工作，加大与中央党校图书馆网、中国干部学习网的合作力度和深度。

（七）进一步加强工作协调

党校系统图书馆数字资源建设的实践表明，只有做好统筹协调工作，才能收到事半功倍之功效。中央党校图书馆、全国党校系统文献情报学会、全国党校系统数字图书馆理事会要强化协调发展意识，既要做好党校系统内部的协调，也要注重与公共图书馆系统、高校图书馆系统以及军队院校图书馆系统的交流。

项目负责人：刘俊瑞

项目组成员：郝永平　刘俊瑞　郑光辉
　　　　　　　杜　敏　任　青　徐桂花
　　　　　　　丁丽娜

执　　　笔：杜　敏

数字图书馆发展趋势研究报告

DIGITAL
LIBRARY

下　编

文津津梁　资源尽享

王乐春

(国家图书馆　北京　100081)

摘　要：

国家图书馆文津搜索是一个集软件、硬件于一体的集成系统，致力于整合国家图书馆的数字资源，建立和维护高性能分布式索引，结合基于互联网的信息收集和数据分析挖掘技术，向用户提供统一、实时高效、精准权威的数字图书馆数字资源元数据搜索服务。

关键词：国家图书馆；文津搜索；资源发现系统

一、文津搜索的建设背景

随着知识经济的出现和以互联网为代表的信息技术的飞速发展，搜索引擎日益普及，成为人们获取信息的重要工具。搜索引擎技术的日臻成熟，为图书馆更好揭示数字资源提供了技术保障。图书馆的数字资源从种类到数量都越来越多，传统的

数据库检索服务模式在性能和功能上都已经不能满足用户的需求，海量数据集中的元数据检索系统开始出现。

2009 年初，Series Solution 公司宣布即将发布全球第一个网络级资源发现系统——Summon，它代表了新一代的图书馆检索系统。资源发现系统作为全新的学术信息发现工具引起全球图书馆的关注 [1]。资源发现系统具有便捷友好的用户界面，提供类似于 Google、百度的简单搜索操作界面，用户只需通过一个检索框，就可以实现图书馆各类数字资源的一站式搜索和获得。目前，主流的商业化资源发现系统包括 Serials Solution 公司的 Summon 系统、以色列 ExLibris 公司发布的 Primo 系统、EBSCO 公司的 EBSCO Discovery Service（简称 EDS）系统以及 OCLC 的 Worldcat 系统等 [2]。清华大学图书馆和北京大学图书馆分别采用了 Primo 和 Summon 建设了本馆的资源发现系统——"水木搜索"和"未名学术搜索"。

数字资源的日益膨胀使得国家图书馆数字馆藏迅速增长，传统检索系统的弊病愈发突出，众多不同的数据库提供着分散的检索和服务，检索速度也无法达到用户的期望。因此，国家图书馆决定研制开发自己的资源发现系统即文津搜索，以实现图书馆书目信息和各类数字资源的一站式发现和获取，将其打造成为国家图书馆的资源搜索门户。

二、文津搜索的总体设计 [3]

文津搜索是国家数字图书馆工程中的一个核心子项目，建设目标是整合国家图书馆自建或其他方式获取的数字资源，建立和维护高性能分布式索引，并结合基于互联网的信息收集和数据分析挖掘技术，向用户提供一个统一、实时高效、精准权威的数字图书馆数字资源元数据搜索服务平台。系统建成之后，将结合数字图书馆推广工程，建立一个覆盖全国数字图书馆的搜索服务平台，满足读者对数字图书馆各类资源"一站式"的检索需求，方便读者直接获取数字资源的目标对象文件和各种应用服务，提高全国图书馆数字资源的利用率。考虑到文津搜索的个性化定制需求以及未来对公共图书馆的部署和复用，文津搜索没有采用成品化的商业资源发现系统，而是采用定制开发的模式。

2.1 系统总体架构

文津搜索是一个集软件、硬件于一体的集成系统，致力于提供一站式发现和获取服务。基于文津搜索在服务内容和服务对象的定位，要求系统能够承载巨大的访问请求，同时提供快速检索。系统要求在性能上满足平均每分钟 10 万次检索请求，以及峰值每秒 1 万次检索请求的处理能力，系统架构具有扩展能力，能满足未来 5 亿条结构元数据的检索能力。

文津搜索总体架构如图 1 所示：它是由底层搜索运行平台和上层软件系统构成。运行平台是由数百台 PC 服务器和数台 Unix 小型机构成的集群，是解决搜索引擎大并发访问的主要技术支撑。为使数百台服务器能够协同工作，文津搜索运行平台需要包括机柜、交换机、防火墙等在内的整体硬件解决方案。

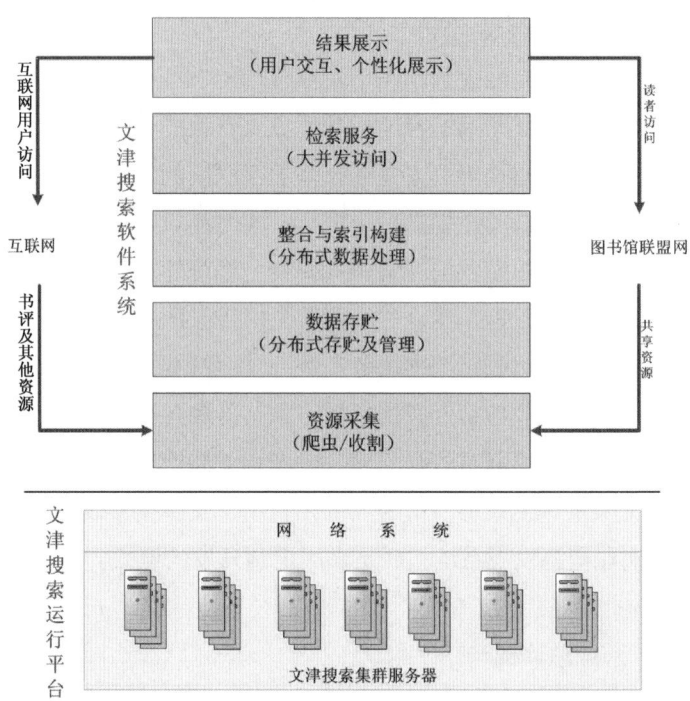

图 1　文津搜索总体架构

在软件系统方面包括了资源采集、数据存储、整合与索引构建、检索服务和结果展示五大部分。

2.2　数据整合

　　数据是文津搜索的核心和重要基础。文津搜索的元数据来源于国家图书馆所有的自建、外购和征集的数据，同时收割图书馆联盟网站相关元数据和其他互联网的相关元数据作为补充。系统在收集到各类数据后，需要对所有元数据进行统一的规范、去重、加工和整合，使其符合检索的要求。目前，文津搜索已经整合的数据包括国家图书馆自建资源库、中文外购数据库以及外文外购数据库合计一百多个资源库，近 2 亿条元数据，收集到的资源涵盖图书、年鉴、期刊、论文、民国文献、地方志、古籍文献、图片、多媒体、网络信息资源等多种类型。

文津搜索在架构设计上没有数据容量的限制，它利用分布式存储架构，可以根据需要不断地扩充数据容量，不仅能涵盖国家图书馆所有的自建资源和外购资源，还能够接收通过数字图书馆推广工程征集的各个地方图书馆的资源，以及来自其他文化行业机构的各类资源。

2.3 软件架构

文津搜索在软件架构设计上包括了前端和后端（如图 2 所示）。

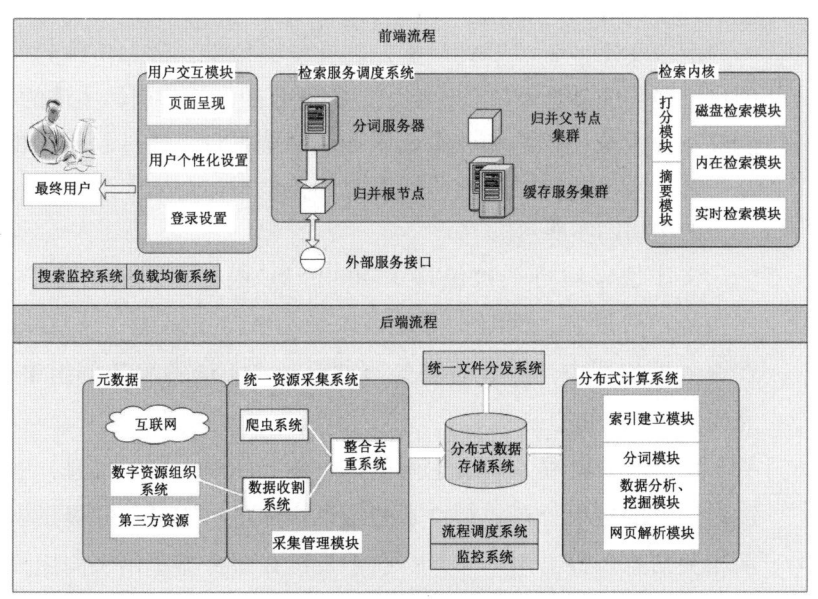

图2 文津搜索软件系统架构

在系统后端，统一资源采集系统采集互联网、国家图书馆数字资源组织系统和第三方资源的元数据，采集的数据保存在数据存储服务器中。分布式数据存储系统是一套分布式的、可动态伸缩的基于分布式的文件存储系统。分布式计算系统是大规模并行计算平台，在此平台上执行源数据的整合、去重和索引构建服务，把源数据转换成检索引擎所需要的索引文件格式，包括磁盘索引构建和内存索引构建，并且此分布式计算平台还执行与检索质量相关的计算任务。在系统前端，用户检索时，检索结果通过检索内核进行内部排序后返回给终端用户。同时，系统整合国家图书馆其他应用系统服务，满足用户一站式发现和获取资源的需求。

2.4　硬件架构

由于文津搜索需要大数据、高并发的检索，依靠传统的大型机已经不能满足系统设计要求，因此采用了搜索引擎主流的、能够支撑大规模机群和分布式服务的系统平台，通过软硬件相互配合，高度协同，从而达到系统的检索指标。文津搜索运行平台架构如图 3 所示。

文津搜索运行平台包括了 400 台 PC 服务器组成的集群，还包括网络设备、网络安全设备以及集群监控运维支撑系统。在服务器集群中，所有的服务器被设计在不同的服务器组中，完成各自相应的任务。

爬虫及采集服务器组主要负责收集互联网上有关信息，通过对信息的提取分析，对检索的结果排序进行支持，并提供展示相关信息以提高用户体验；前端及缓存服务器组用来向用户提供交互页面展示和高速缓存服务；数据处理服务器组用来提

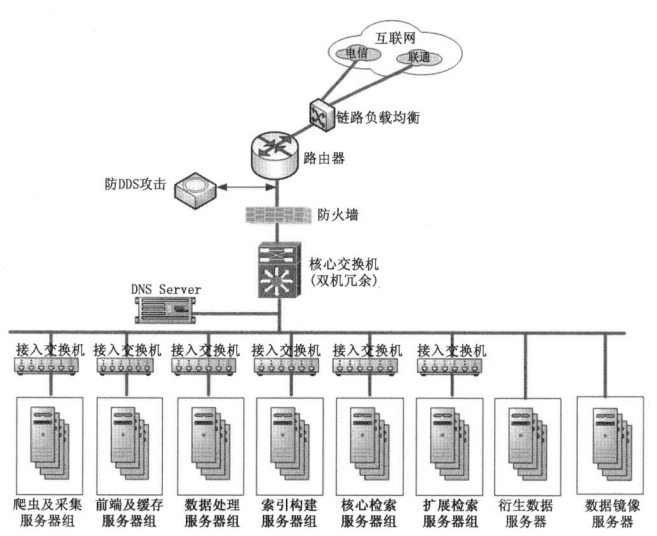

图3 文津搜索运行平台架构

供海量数据的分布式数据存储和处理服务；索引构建服务器组用来构建和更新索引大规模数据的索引文件；核心检索服务器组用来提供基于内存的高速检索服务，以避免对硬盘访问时的性能影响；扩展检索服务器组用来提供基于磁盘的大容量检索服务；衍生数据服务器和数据镜像服务器是小型机，衍生数据服务器用于处理系统运行过程中产生的各种中间数据和表格，以提高整体搜索质量。数据镜像服务器首先为资源采集系统提供数据源，其次作为后备数据库服务器。

三、文津搜索的主要功能

文津搜索功能包括检索服务、前端功能、附加功能、索引建立和管理、系统管理、检索质量保障、网络资源采集、数据分析和挖掘、资源获取服务、数字图书馆数据整合和文津系统的复用、接口服务和监控运维等。系统的主要功能特色如下：

3.1 数据整合与分类

文津搜索的元数据来源于不同系统、不同机构，类型涵盖了中西文 MARC、DC、XML、MDB、XLSX 以及 MDF 等多种数据格式文件。文津搜索在数据预处理时，首先要对各类数据进行清理和解析，并将所有元数据字段都映射到文津搜索定义的、统一的 XML 格式上。

在数据整合后，为了支持专业检索，使用户能够根据不同类别资源的专业检索字段快速查找资源，还要将所有的数字资源进行分类。目前系统共划分了 8 个一级分类和 23 个二级分类。一级分类主要依据文献类型，划分为图书、古文献、论文、期刊报纸、多媒体、微缩文献、文档和词条。二级分类主要根据数字资源的实际情况，依据文献内容（如论文在二级分类中根据论文内容下分为学位论文、会议论文和期刊论文）、文献类型（如参考 CNMARC200$b 字段中，该字段中文献类型设置专著、论文、缩微等分类名词）形成。当用户选择一级分类资源后，在统一检索框前端会自动出现与之对应的专业检索字段，如当用户点击"图书"时，统一检索框前端会出现"全部字段""题名""责任者""关键词""出版商"和"ISBN"选项。这将有利于用户快速准确地查找资源。

3.2 检索导航过滤

在文津搜索结果列表页中，提供了多维度导航过滤选项。系统根据当前搜索结果，动态显示文献分类、年份、著者、语种、来源数据库等过滤选项，并显示各类过滤选项命中的资源数量，帮助用户快速缩小查找范围。在查看指定类型中，系统将根据检索结果列出命中资源所在的一级分类和二级分类名称，当用户勾选某个分类选择框后，检索会自动响应并显示该分类条件下的命中数据。在缩小范围中，年份、著者、语种、来源数据库等过滤选项可交互作用，检索出几项勾选条件同时具备的有效数据，并可以通过勾选"可提供全文"的选项，选出文津搜索可以提供全文对象的数字资源。

检索导航过滤功能的实现，改变了过去检索系统中需要用户手写修改检索条件的方式，只要通过几个简单的勾选操作，就可以大幅度地缩小检索数据的命中范围，有效地提高用户的检索效率。

3.3　检索结果汇集显示

在国家图书馆的海量数字资源中，存在着名称相同、责任者相同，但却有着或多或少的差异的资源。如有些图书，书名相同，作者相同，但是出版社不同，或者出版年不同，或者出版的语种、出版的载体不同，以图书馆 FRBR 的理念，它们是同一个作品（work），但是不同的单件（item）。对于这些资源，如果分散在大量的检索结果中，用户很难把它们归集在一起，这就会给研究该作品的用户带来很大的困扰。为了解决这一问题，文津搜索按照一定的规则对检索结果进行汇聚，在检索结果显示页中，只展现该作品汇集后排序第一的条目，被汇集后的其他条目可以通过点击"查看其他版本或格式"来统一查看。

根据目前资源的元数据情况，文津搜索的汇聚规则还是相对比较简单，随着国家图书馆数据加工部门基于 FRBR 对各类元数据进行组织和深加工以后，文津搜索系统将会依据这些数据实现资源深层次的 FRBR 关联显示，突破文献载体的限制，深入到著作内容中，实现知识服务。

3.4 联合编目整合

国家图书馆联合编目中心是全国书目信息的集中地，数据最全，质量权威，同时汇集全国各个图书馆馆藏信息。文津搜索通过集成联合编目的书目数据和地方馆馆藏信息，在提供书目数据的同时，可以提供该书在全国各个图书馆的收藏情况和服务信息，馆藏地信息可以通过中国地图可视化展示。当一个读者通过文津搜索查找到一本图书的数据后，可以通过系统直接导引到离自己最近的图书馆的 OPAC 系统中，查看图书的流通信息和预约信息，方便进行图书的借阅。

3.5 服务系统整合

文津搜索对国家图书馆的各类应用系统进行了整合，把过去分散服务的系统融合为一个整体提供服务。用户在查找资源时，不再需要在若干个的资源服务系统中进行分别查找，也无需多次登录验证，而是通过文津搜索就可以直接获得针对该资源的各种跨系统的服务，进入相应的资源服务系统阅读全文资源。

用户通过文津搜索与国家图书馆统一用户管理系统集成，实现用户身份认证和单点登录；可以通过整合的国家图书馆 OPAC 检索系统，进行文献的预约、续借等操作，同时还能获取该图书架位导航信息；可以通过馆际互借和文献传递系统获取所需资源；可以获取资源在全国联合编目系统中的馆藏分布信息；无需多次登录发布与服务系统或者远程外购数据库系统，即可直接获取全文；可以连接到虚拟参考咨询系统去向咨询馆员提问；通过系统可以调用 Metalib 联邦检索功能，获取更多的数据信息。

3.6　数据挖掘技术的应用

文津搜索利用数据挖掘技术，分析用户检索行为，建立基于元数据的文献相似模型，为用户提供相关文献推荐、相似文献推荐和个性化文献推荐功能。

系统利用用户检索行为挖掘元数据之间的关联关系，建立基于元数据的文献相似模型，挖掘元数据相似文献，当用户检索数据并选取某一条元数据进行浏览时，在结果详情页中，可以根据与此条元数据的相似程度，向用户推荐相关文献；利用用户个性化设置的基本信息，如职业和兴趣、用户访问行为、历史检索记录等数据，建立用户模型，挖掘用户兴趣度。在用户登录后，提供基于用户兴趣度的个性化文献推荐，满足用户获取个人感兴趣文献的需求。

3.7　系统复用模式

文津搜索不是一个单一、孤立的检索软件，而是一个可以提供数字图书馆云检索服务的综合系统平台。随着数字图书馆推广工程的推进，它将逐渐部署、复用在各地公共图书馆。文津搜索在部署复用方面提供了三种模式：（1）分馆、联盟馆的元数据都可以纳入文献搜索系统中进行统一检索揭示；（2）系统提供了数据检索的后台接口服务，供分馆、联盟馆或其他应用系统调用，以获取文津搜索所提供的定制搜索服务，从而实现文津的 LOCAL 检索功能；（3）文津搜索还可以伸缩部署到某个独立的分馆或联盟馆中。

3.8　智能化的规模集群管理

文津搜索设计了一套监控和运维的支撑系统来保证出现硬件故障时的及时发现和预警，并为后台的使用人员上机行为提供日志以便于事件追踪，同时该系统还不能影响文津搜索的运行效率。

当文津搜索集群中出现节点故障时，集群管理软件可以自动将故障节点的工作任务分配到另外节点上。系统还可以根据文津搜索的服务运行情况，动态增减集群节点的数量，如在夜间用户访问较小时，可以关闭若干台服务器，节约运行能耗；在白天检索量比较大的时候，再动态增加服务器的数量，提高系统的整体服务能力。

四、下一步工作

1. 资源可视化展示

文津搜索系统在保证整体风格一致的前提下，提供可视化视图功能。目前已经完成了标签云、公共图书馆馆藏文献的地图展示。下一步，文津搜索将开发实现中图分类法和主题词关系视图，努力实现传统文献标引在资源关系可视化揭示方面的应用。

通过在文津搜索的详情页建立中图分类法可视化关系视图，提供树状图，用户可以按层级浏览，揭示该文献所在类目与上一级类目、同级类目和下一级类目之间的关系，用户点击参考视图上的分类节点可以检索到所需类别的文献资源以及相关类别的文献资源；依据主题词表建立主题词关系视图，用户输入的检索词，如红楼梦，位于视图的中心节点，相关主题词如三国演义、西游记、水浒、曹雪芹、红学、周汝昌等作为分支节点。当用户点击图中感兴趣的主题词后，关系视图发生改变，会以点击的主题词作为中心节点重新布局，同时，系统会以该主题词作为检索词重新检索，并返回检索结果列表。

2. 图书馆大数据应用

如今全球已经步入大数据时代，也将会给图书馆行业带来根本性的变革。文津搜索的图书馆大数据建设，将以体现信息资源利用价值为导向，实现跨区域、跨机构、跨部门的数据采集、融合、交换和共享服务，并对融合后的数据深度挖掘应用，深入分析读者与资源间隐藏的逻辑关系，发现隐藏在数据背后的信息价值，以驱动业务更好地发展。

在大数据环境下，图书馆的主要业务将逐渐发展为通过对海量数据的分析和处理，为用户提供知识服务。过去图书馆多数为文献资料类数据库建设，处理的大多是结构化数据，非结构化的数据内容所占比重非常低，而非结构化数据作为一个新的尚未开发的信息源，可以使数字图书馆的资源结构更加全面。通过对半结构化、非结构化数据的分析，可揭示以前很难或无法确定的重要相互关系，可以获得更加丰富、深入和更加准确的用户，可以深入理解读者并给予智慧型的解决方案，最终提高数字图书馆的核心竞争力。

3. 互联网信息采集整合

截至 2015 年 6 月，我国域名总数为 2 231 万个，网站总数为 357 万个。互联网的信息资源愈加丰富，互联网用户也已经不仅仅是网络的使用者，同时也是互联网资源的创造者。仅以网络文学为例，2015 年网络文学用户规模已经达到 2.85 亿，占网民总体的 42.6%[4]。

随着互联网资源逐渐成为信息资源生产的重要组成部分，今后也将是文津搜索最重要的数据来源之一。文津搜索系统将充分发挥互联网搜索引擎的优势，建设一体化的网络信息采集平台，通过爬虫获取互联网的相关数据，实现对不同广度、深度的网络信息的采集、加工和管理，利用先进技术，自动追踪网站的数据更新频度和数据量变化，实现采集频度自动变化及重点跟踪，实现对网络资源的收集和管理。采集的数据包括图书的书评、书封，图书销售排行榜，电子期刊的点击和下载量等等，通过有效的清洗、组织和整理后，作为基础数据为文津搜索提供支撑。

4. 移动搜索

截至 2015 年 6 月，通过台式电脑和笔记本电脑接入互联网的比例分别为 68.4% 和 42.5%，较 2014 年底分别下降了 2.4 和 0.7 个百分点，而我国网民中使用手机上网的比例为 88.9%，继续保持增长，电脑端向手机端迁移趋势明显，移动上网设备的逐渐普及、网络环境的日趋完善、移动互联网应用场景的日益丰富三个因素共同作用，促使手机网民规模进一步增长。随着移动互联网的蓬勃发展，创新的移动服务模式不断被推出，用户移动服务需求不断提高，设计开发适用于移动设备的文津搜索系统移动版愈发重要，探索移动互联网下的移动阅读服务模式，为传播中国优秀文化、提升国民文化素质提供有效渠道，实现移动端的一站式发现及检索服务。

以文津搜索系统 PC 版本为基础，建设文津搜索系统苹果客户端和安卓客户端版，基于各种移动终端开发，兼容多种分辨率，以适应不同类型移动终端，拓展文津搜索系统服务范围，同时适配国家图书馆现有移动服务平台，采取 SDK 包、接口等方式进行对接，使读者可以随时随地进行图书、期刊、音视频等各种类型资源检索。

五、结语

文津搜索系统于 2012 年底正式上线。上线以来系统运行稳定，访问量也在不断增长，用户涵盖了七十多个国家和地区，日访问量峰值达到百万次。在数字图书馆高速发展的今天，检索系统的优劣将会直接影响用户对数字图书馆的使用。信息检索技术的发展给图书馆带来机遇的同时，也提出了新的挑战。文津搜索只有不断跟踪和引入各种新技术、新理念，才能够满足用户不断增长的检索需求，提供更加完善的信息服务。

参考文献：

[1] 窦天芳，姜爱蓉.资源发现系统功能分析及应用前景 [J]. 图书情报工作，第 56 卷第 7 期，2012 年 4 月.

[2] 包凌，蒋颖.图书馆统一资源发现系统的比较研究 [J]. 情报资料工作，2012（5）.

[3] 杨东波，邢军.国家图书馆"文津搜索"的设计与实现 [J]. 国家图书馆学刊，2014.3.

[4] 中国互联网络信息中心（CNNIC）.《第 36 次中国互联网络发展状况统计报告》，2015.7.

公共数字文化资源建设的宏大实践

——全国文化信息资源共享工程资源建设的现状与未来发展

陈胜利

（文化部全国公共文化发展中心　北京　100020）

摘　要：

文化共享工程资源建设是数字化时代中国特色社会主义文化建设的开创性实践探索，在大规模开展优秀传统文化的数字化，构建科学有效的传统文化传承发展模式，打造文化创新平台，服务基层群众等方面，取得了丰硕成果。相对于传统公共文化的内容建设，文化共享工程的资源建设总体上仍处于起步阶段，在内容体系、工作机制、项目管理等方面仍存在诸多问题。当前和今后一个时期，要牢固树立"用户意识"，坚持"建""用"结合，建立健全资源建设机制，增加资源容量，提高资源质量，打造服务品牌，切实保障人民群众的基本文化权益。

关键词：公共文化资源建设；实践

[注：本文已在《图书馆杂志》2015 年第 11 期发表，收录本书时略有修改。]

在数字化、信息化、全球化深入发展的时代背景下，在构建现代公共文化服务体系的进程中，结合社会公众的需求，将信息技术、数字技术、网络技术等现代科学技术和传播手段应用于公共文化服务，是适应时代发展的必然要求和战略选择。

一、公共数字文化：概念与特征

与"公共文化""公共文化服务体系"相比，"公共数字文化"是较晚出现的概念。公共数字文化概念的出现及其实践发展，改变了传统的公共文化建设格局，为构建现代公共文化服务体系注入了动力和活力。

（一）概念的提出

美国学者尼葛洛庞帝 1995 年出版的《数字化生存》被誉为是 20 世纪信息技术及理念发展的"圣经"。尼葛洛庞帝提出了数字化生存（Being Digital）的概念，认为："我们无法否定数字化时代的存在，也无法阻止数字化时代的前进，就像我们无法对抗大自然的力量一样。"[1] 数字社会的三大定律——摩尔定律（Moor's law）揭示了计算机芯片上的晶体管数量每 18 个月翻一番，而体积和成本却随之缩减一半，这意味着计算机的体积越小，性能越好，速度越快，价格却越便宜；克莱德定律（Kryder's law）揭示了计算机硬盘的存储密度每 12 个月翻一番，相应的存储成本却降低一半；尼尔森定律（Nielsen's law）揭示了网速和带宽每 21 个月翻一番，而成本也随之在不断降低。网络和数字化大潮使文化生态彻底改变。

图书馆的发展历来与信息技术发展紧密联系，20 世纪 60

年代以后，以计算机为核心的现代信息技术开始全面进入图书馆领域，将图书馆推向自动化发展阶段。到 20 世纪 80 年代，国外图书馆普遍实现了自动化管理，在书目、流通、检索等方面实现计算机化，建立了机读目录数据库和二次文献数据库，用户可以通过联机公共存取目录（OPAC）查询馆藏书目，通过联机检索终端查找二次文献信息。20 世纪 80 年代末、90 年代初，得益于通信技术、网络技术、高性能存储技术、多媒体技术等新技术的高速发展及有机结合，图书馆自动化开始向着网络化、虚拟化以及文献资源内容数字化的深度和广度进军。1988 年美国国家科学基金会的伍尔夫（W.Wulf）在撰写国际合作白皮书时正式提出数字图书馆（Digital Library）的概念。我国从 20 世纪 90 年代中期开始跟踪研究数字图书馆，1998 年国家图书馆实施"中国数字图书馆工程"。同年，"中国高等教育文献保障系统（CALIS）"启动。2000 年，"国家科技图书文献中心（NSTL）"成立。

这一时期也是我国"公共文化"理念的形成阶段。2002 年 11 月 8 日，党的十六大报告中首次将文化发展分为"文化事业"和"文化产业"两个方面，提出了接近于此后的"公共文化"的"文化事业"概念。2005 年 10 月 11 日，中共十六届五中全会通过的《中共中央关于制定国民经济和社会发展第十一个五年规划的建议》中，提出"加大政府对文化事业的投入，逐步形成覆盖全社会的比较完备的公共文化服务体系"的要求。这是"公共文化"概念首次出现在中央文件中，公共文化服务体系建设正式进入国家文化政策和制度安排层面。2007 年 6 月，中央政治局召开会议，专门研究如何加强公共文化服务体系建设的问题。同年 10 月，中共十七大报告提出 2020 年实现全面建成小康社会的奋斗目标，覆盖全社会的公共文化服务体系基本建成被列为全面建设小康社会奋斗目标要求之一。

在"公共文化"语境中，全国文化信息资源共享工程（以下简称"文化共享工程"）应运而生。文化共享工程实施的背景是，进入 21 世纪后，随着互联网的普及和信息技术的发展，我国全社会的信息化进程明显加速。但由于历史、地理、城乡二元结构等诸多因素的影响，我国广大农村、基层地区公共文化建设仍明显滞后，城乡"数字鸿沟"问题十分突出。2000年，美国万人口因特网主机数已经达到 2 419 台，世界平均水平达到了 152 台，而我国仅为 0.7 台，网络在我国城市的普及率为农村普及率的 740 倍 [2]。为解决我国基层公共文化设施薄弱、资源匮乏、基层群众难以有效享受基本公共文化服务等问题，文化部、财政部于 2002 年初正式启动文化共享工程试点。"十一五"时期，文化共享工程被列为国家重大文化惠民工程，"连续六年被写入中央一号文件，先后被列入我国《国民经济和社会发展第十一个五年规划纲要》《国家'十一五'时期文化发展规划纲要》《2006—2020 年国家信息化发展战略》" [3]。经过十余年的发展，截至 2013 年，文化共享工程已建成 1 个国家中心，33 个省级分中心，2 843 个市县支中心，29 555 个乡镇（街道）基层服务点，60.2 万个行政村（社区）基层服务点，部分省（区、市）村级覆盖范围已延伸到自然村；已建设公共电子阅览室 42 654 个，其中乡镇 27 706 个，街道 2 282 个，社区12 666 个 [4]。文化共享工程的实施，对加强我国基层公共文化单位的信息化建设水平，保障基层群众的基本文化权利，发挥了积极而深远的作用，充分体现了社会主义制度集中力量办大事的优势。

从国际范围的实践看，20世纪90年代，美国国会图书馆实施了名为"美国记忆（American Memory）"的数字化项目，旨在以数字化方式整合建国200年来的历史文化遗产，以期实现最佳保存及利用，并借此探索历史文化资源数字化的管理机制、技术规程及知识产权等问题。显而易见，"美国记忆"属于典型的图书馆文献信息数字化范畴。而在2010年9月，法国文化部宣布正式启动总预算7.5亿欧元的"文化、科学和教育内容数字化"工程（简称"文化数字化"工程），支持文化领域而不是仅限于图书馆的各类企业、协会、公立、私营机构以及个人。其示范性项目包括："丰富数字化产品供应方面，针对上世纪的有版权保护但已退出市场的50万册图书的数字化工程；加大对法文电影的修复和数字化处理，并建立汇集1929年至1989年拍摄的3 000部法文影片的视频点播平台。创新文化、艺术遗产和文化产品的开发模式方面，建立交互式统一数字平台，即读者社区，实现读者与所有加盟媒体，以及媒体之间数字资源的自由交易；创建囊括法国所有免费及收费数字影视资源的门户网站，并为用户提供更为便捷、快速的服务。促进创新服务模式和研究与开发方面，对所有有助于文化产业各领域适应并应用数字化技术的基础性研究项目进行资助，包括文化内容数字化转换技术、数据压缩技术、识别技术、索引搜索技术、存储技术、版权保护等。"[5] 相比于"美国记忆"，文化共享工程与法国文化数字化工程的相似度更高。

继文化共享工程之后，"十二五"期间，文化部、财政部又组织实施了数字图书馆推广工程、公共电子阅览室建设计划。为统筹实施三大工程，提升工程建设的战略性，2011 年 11 月 15 日，文化部、财政部联合下发《关于进一步加强公共数字文化建设的指导意见》，首次提出"公共数字文化"概念，指出："公共数字文化建设包括数字化平台、数字化资源、数字化服务等基本内容，以制度体系、网络体系、资源体系、管理体系和服务体系建设为着力点，构建海量分级分布式公共数字文化资源库群，建成内容丰富、技术先进、覆盖城乡、传播快捷的公共数字文化服务体系，为广大群众提供丰富便捷的数字文化服务，切实保障信息技术环境下公共文化服务的公益性、基本性、均等性、便利性。"此后，"公共数字文化"概念普遍地出现在相关规划、计划及项目文件中。2015 年初中共中央办公厅、国务院办公厅印发《关于加快构建现代公共文化服务体系的意见》，首次在中央文件中强调要"加快推进公共文化服务数字化建设""科学规划公共数字文化资源建设""实现公共数字文化资源有效保护"，标志着公共数字文化建设上升到国家文化发展战略层面。

（二）公共数字文化的基本特征

"公共数字文化"是文化部、财政部实施的三大数字工程实践催生的产物，就概念本身而言，可以视为是"公共文化"与"数字化"的结合体，并由此具备以下特征：

一是导向性。 公共数字文化是数字化的公共文化，本质上属文化建设的范畴。无论数字化技术如何发展，在基本文化理念层面以及内容层面，公共数字文化的建设都应坚持正确导向，坚持以人民为中心，尊重人民群众在文化建设中的主体地位，充分发挥其在满足人民群众的精神文化生活、促进社会主义核心价值的认同、传播先进文化、提升国家文化软实力等方面的重要作用。

二是**公益性**。按照经济学理论，公共产品是一种在财产关系上具有共有性的产品，在消费上具有不可分割性、非竞争性和非排他性，需由政府来组织提供。公共数字文化属于公共文化范畴，公共数字文化建设应以政府为主导，以公共财政为支撑，其设施与服务应实行免费或者价格优惠，体现公益性原则，追求社会效益的最大化，体现国家和社会的公共利益。公共数字文化的公益性还体现为，这种供给应建立在公众意愿的基础上，而不是强加的，政府应建立公众需求表达、意见反馈和评估的机制，提高服务效能。

三是**"易"传播性**。公共数字文化是公共文化与信息科技的深度融合，是借助于信息技术（Information Technology）特别是互联网技术（Internet Technology）、数字技术（Digital Technology），对包括文字、声音、图像等在内的文化资源进行数字化转换、存贮，进而通过互联网、移动互联网等传播手段，实现更便捷、更广泛、跨时空的传播利用。"易"传播性、用户获取的便捷性，是公共数字文化区别于传统公共文化最显著的特征之一。

四是**"内容为王"**。公共数字文化建设的基本内容包括平台建设、数字资源建设和数字服务三大部分，其中，数字资源建设是核心，平台建设是技术支撑，服务是目的。由于公共数字文化是以互联网技术、数字技术为基础发展而来的新的文化形态，因此，提供公共服务的数字资源，往往是内容和技术融为一体的公共数字文化产品。但这并不能动摇数字资源内容建设的核心地位，即便是内容与技术合一的公共数字文化产品，内容仍然是核心。数字资源建设是文化的转化、再加工、再创造的过程，其优劣如否，最终取决于文化本体的建设。公共数字文化产品建设以及服务中涉及的技术问题，则更多的是成熟技术的选择与应用。

五是互动性。网络、智能手机、数字电视、IPTV 等新媒体（NewMedia）是公共数字文化重要的传播渠道。美国学者马克·波斯特把互联网主导的"双向的去中心化的交流"称为"第二媒介时代"[6]，以此来区分由电视主导的"播放型传播模式"。这种划分，意在强调新媒体互动、参与的传播特性。新媒体通过整合点对面的大众传播和点对点的人际传播，构建了双向互动的新传播模式，公众可以通过新闻跟帖、网络论坛（BBS）、博客、微博、微信、邮件和个人空间等多种载体，交流用户体验，发表个人意见，形成舆论影响。互动、参与的传播特性，是新媒体独特的魅力所在，也是公共数字文化区别于传统公共文化的显著特征。

二、文化共享工程资源建设工作：定位与原则

资源建设是文化共享工程建设的核心，文化共享工程资源建设具有鲜明的中国特色，是信息化、数字化条件下中国特色社会主义文化建设的创新性实践探索。

（一）文化共享工程资源建设的工作定位

文化共享工程是应用计算机、网络通讯和多媒体等高新技

术，将中华优秀文化信息资源进行数字化加工和整合，并通过共享工程网络体系实现在全国范围内的共建共享，文化共享工程资源建设的本质是优秀文化资源的数字化，是文化的数字化。

文化共享工程资源建设的目的是为公共服务，但其数字化的本体并不限于我们通常归之于公共文化领域的群众文化，而应包括文化遗产、红色文化、艺术、群众文化等在内的广域的优秀文化成果。现阶段，应立足文化系统的优势资源，整合其他系统的优秀资源，逐步形成以优秀传统文化资源、红色历史文化资源、当代艺术与群众文化资源为主体的资源建设体系。

由公共文化服务、文化惠民工程的性质所决定，文化共享工程的资源建设着眼于文化艺术、科学知识的大众普及，其资源形态、资源成果应尽可能符合大众需要。

（二）文化共享工程资源建设的基本原则

文化共享工程的资源建设应遵循以下原则：

1. **符合社会主义文化建设的目标任务**。由国家重大文化建设工程的性质所决定，以及资源建设的本质所决定，文化共享工程资源建设必须坚持正确导向，符合社会主义文化建设的原则，坚持用社会主义核心价值引领社会思潮，坚决抵制低俗庸俗媚俗之风，努力为人民群众提供积极、健康、向上的数字文化产品。

2. **需求导向**。坚持需求导向、用户意识，从人民群众的文化需求出发，提供有特色、有针对性、个性化的文化资源，是文化建设坚持以人民为中心和以人为本为导向的具体体现，是文化共享工程资源建设工作必须始终遵循的基本原则。

3. **面向基层，服务基层**。我国幅员辽阔，人口众多，城乡二元结构问题突出，构建现代公共文化服务体系，重点在基层，难点也在基层。"能否向基层群众源源不断地提供满足群众需求、为群众所喜闻乐见的数字文化产品，是关系文化共享工程能否健康可持续发展的关键。"[7]应充分发挥数字文化服务跨越时空、高效、便捷的优势，将优秀文化资源源源不断地送到基层、农村，打通公共文化服务的"最后一公里"，切实保障基层群众的文化权益。

4. **传承传播中华优秀文化**。文化是人民的精神家园和创新源泉。我国历史悠久，是世界上唯一未曾中断的文明，在漫长的岁月中，中华民族创造了独具特色、丰富多彩、弥足珍贵的优秀传统文化，是推动国家发展和民族振兴的强大力量，是中华民族的突出优势。数字化资源的最大特点是易存、易读、易获取、易复制、易传播，除具备"易"传播优势外，还具有保存优势，能突破传统保存方式所不能达到的展示要求与保真效果，实现文化遗产更安全更长久的保存。早在1992年，联合国教科文组织就启动了"世界的记忆"项目，旨在"通过文化遗产数字化推进社会公众更广泛地享有人类的文化遗产"。2002年，联合国教科文组织遗产中心与全世界的一些政府、文化和科学社团、机构、大学联合召开了"虚拟大会"，研究中国、埃及、塞内加尔、墨西哥和法国的"数字时代的世界遗产"，"是否进入文化遗产'数字时代'的大门，已经成为一个国家信息建设先进程度的重要标志"[8]。由我国的大国地位、悠久的历史文化传统所决定，文化共享工程资源建设应立足于优秀文化遗产，加强文化遗产的数字化保存和传播利用，增强

公众对优秀文化传统的认同，提高民族凝聚力和国家文化软
实力。

5. **适应互联网及新媒体传播的特点和规律**。当前，互联网
在国家经济、政治和社会生活中的重要性与日俱增，新媒体方
兴未艾。中国互联网络信息中心发布的《第 36 次中国互联网络
发展状况》显示，截至 2015 年 6 月，我国网民规模达 6.68 亿，
互联网普及率为 48.8%，手机网民规模达 5.94 亿，随着手机终
端的大屏化和手机应用体验的不断提升，手机作为网民主要上
网终端的趋势进一步明显。为此，文化共享工程应多建设一些
微视频、音频，以及适合移动互联网用户使用、多终端使用的
数字资源，扩大资源的传输渠道和使用范围，提高资源的用户
黏性。

三、文化共享工程资源建设工作的初步成果

经过十余年的实践探索，文化共享工程资源建设已初步形
成了一套较为成熟的工作机制、制度和方法，推出了一批具有
鲜明特色和一定社会影响力的资源建设成果。

（一）初步形成了资源建设工作的机制、制度和方法

1. **资源建设的组织与统筹**。文化部负责资源建设工作的组
织领导、统筹，负责编制资源建设规划、指南和年度工作计划，
文化部全国公共文化发展中心（以下简称"发展中心"）负责资
源建设规划、年度工作计划的具体实施，指导各地开展资源建
设工作。各省（区、市）文化行政管理部门、省级分中心承担
相应职责。

2. **资源建设体系**。按照《文化共享工程 2013—2015 年资源建设规划》，"十二五"期间，文化共享工程主要建设文化艺术、农业科技、生活服务、特殊人群服务类等四大类 11 个核心资源库。这 11 个核心资源库包括艺术鉴赏资源库、群众文化资源库、地方特色文化资源库、红色历史文化资源库、少数民族语言资源库、知识讲座资源库、农村实用科技资源库、健康生活资源库、进城务工人员服务资源库、未成年人服务资源库、残障人士服务资源库。各核心资源库中又包含若干资源子库，从而构成一个体系化、系统化的结构。

3. **资源建设方法**。文化共享工程资源建设主要采取征集成品和自主建设两种方式进行。发展中心负责建设本级普适性资源，主要采取征集成品方式进行，通过市场购买、争取捐赠、免费获取等方式获取资源；发展中心指导各省分中心，利用中央转移支付经费自主建设地方资源，地方资源建设采取项目制形式，履行项目申报、专家评审立项、组织建设、验收等程序，建设成果具有自主知识产权，可在全国范围内共享。

（二）初步形成了较大规模的资源存量

1. **资源总量**。自 2006 年开始，中央财政投入资金支持资源建设，截至目前，累计投入 12.273 亿元，其中，本级 3.224 5 亿元，地方 9.048 5 亿元。截至 2014 年底，资源总量达 412.46 TB，初步形成内容丰富、较大规模的资源存量，具备了服务基层的资源保障能力。

2. **本级资源存量**。发展中心本级普适性资源以音视频资源为主要形式，截至 2014 年底，本级资源建设资源总量为 60.46 TB，包括 235 079 部（集）、76 976 小时。其中，视频 89 928 部（集），40 559 小时，占 52.7%；音频 145 151 部（集），36 417 小时，占 47.3%。还包括部分电子图书、电子期刊、多媒体课件。初步形成了以舞台艺术、群众文化、知识讲座、惠民科技、生活服务、特殊人群服务为主体的资源库群。

3. **地方资源项目建设**。地方资源项目以视频专题片、多媒体资源库等为主要形式。截至 2014 年底，立项项目达 593 个，其中，专题片 194 个，占 32.7%；资源库 380 个，占 64%；其他 19 个，占 3.3%；已完成 321 个项目建设，在建项目 272 个；选题范围以传统文化、红色历史与抗战文化、人物为主，内容涵盖民间文化与非物质文化遗产、少数民族文化、地域特色文化、舞台艺术、文物遗产、红色历史文化、抗战文化、历史人物与红色人物等，初步形成了以优秀传统文化为主体，兼顾红色历史、当代艺术与群众文化的原创资源库群。各地围绕资源项目建设，广泛收集珍贵文献、图片和音视频资源，并进行加工整合和再创作，迅速汇集和形成了海量资源。以 2011 年度地方资源项目建设为例。2011 年立项项目 91 项，经费投入为 9 600 万元。2013 年，经专家评审，85 个项目通过验收（6 个项目未通过验收）。这 85 个项目总投入 8 537 万元，每个项目平均投入 100 万元，建成了 51 个数据库，34 部系列专题片。其中，51 个数据库总计完成文字录入 6 441 万字，图片录入 69 541 张，视频录入 100 194 分钟，约 1 669.9 小时；34 部专题片总时长为 15 409 分钟，约为 156 小时。这样的成果，在我国公共数字文化资源建设中是不多见的。

（三）推出了一批较高文化价值、具有鲜明特色和一定社会影响
　　力的资源建设成果

　　1. **组织建设了一批戏曲、非遗、文物遗产专题数据库和文**
化专题片，对优秀传统文化进行大规模数字化转化，对在数字
时代如何构建科学有效的优秀传统文化传承发展模式进行了有
益探索。

　　湖南省分中心组织建设的《湖南地方戏曲多媒体资源库》
经过三期建设，入库数据总量达到 34 552 条，入库文字 4 172
万字，入库图片 10 128 幅，入库视频 1 042 部 2 675 集，入库
唱词剧本 979 条、曲谱 1 177 条、戏剧人物 1 884 条。

　　北京市分中心组织建设的《国韵京剧多媒体资源库》分为
剧目、演员、剧本、图片、文章、音视频六种资源类型，以剧
目、剧本和演员介绍为主体的文字数量丰富，文字量达 3 000
万字左右，汇集经典曲目视频 50 集、时长约 5 040 分钟，音频
有 55 集、时长约 380 分钟，珍贵图片 11 852 张。

　　浙江省分中心按照省委主要领导同志的要求，组织开展
"浙江地方戏曲多媒体资源库"建设，计划在三年内分批建成包
括 56 个地方剧种的多媒体数据库，内容涵盖每个剧种的历史起
源、代表性剧目、代表性艺术家、表演艺术特色与唱腔音乐风
格、历史文献、作品欣赏等。该数据库建设将遵循"资源共享、
濒危优先、统一标准"三大原则，注重濒危剧种的抢救性记录。
目前，通过主动采集和征集两种方式，已获得 246 部戏曲剧目
的使用授权，该授权包括戏曲视频信息的网络传播权、放映权、
广播权、复制及建立镜像权等，并将充分发挥多媒体数据库的
优势，分别制作适合 PC 端、移动端（手机、PAD 等移动设备）

传播的视频格式，扩大其在互联网上的传播渠道，为广大群众方便快捷地欣赏优秀地方戏曲提供便利。

福建省分中心在资源建设过程中，在全省范围深入开展资源调研工作。2010年4月，工作人员在采集《客家文化》资源时，在宁德县意外发现传承了七百余年的印刷史上的活化石——木活字印刷技艺，以及30万枚木活字，引起了极大轰动，新华社等媒体给予了报道。同年，中国木活字印刷术被列入联合国非物质文化遗产名录。

文化共享工程资源建设在文化传承上所做出的贡献可谓"功在当代，利在千秋"。正如陕西省戏曲研究所杨志烈研究员在《秦腔秦韵——陕西地方戏曲数据库》前言中所写的："当时代的列车驶入21世纪的时候，我们还要费些功夫，四处查阅征询史料日夜伏案劳作，将16世纪中期到21世纪初期，陕西地方戏曲兴起与发展的历史和现状，编制成《秦腔秦韵——陕西地方戏曲数据库》，目的不仅是为了著录和尊重世代艺人创造和发展陕西地方戏曲的不朽业绩，弘扬中华民族文化的优秀传统，基以振奋中华民族的自信心，更重要的还是旨从陕西地方戏曲曲折迂回的发展史迹中，探求一些陕西地方戏曲创造与发展的基本规律，以期为当代和后世陕西地方戏曲的再创辉煌，提供一些有益的参考和借鉴。"[9]

2. 组织建设了一批优秀的红色历史文化资源，体现了政府公共文化建设项目的鲜明导向。

截至目前，文化共享工程已整合红色历史文化资源约1 500部，制作了"光辉岁月"系列动漫、"双百人物"系列动漫。结合中国人民抗日战争胜利70周年暨世界反法西斯胜利70周年，建设了主题红色历史动漫，定制抗战音频资源 1 200 小时。发展中心还指导各省立项、建设完成了大批红色历史文化资源，如《陕甘宁边区红色记忆资源库》《湖南红色记忆资源库》《湖南抗战老兵口述史》《湖北红色记忆资源库》《黑龙江世纪英雄谱数据库》《广西红色遗踪系列专题片》《中原红色历史文化系列专题片》《江苏红色之旅专题片》《安徽新四军口述史》等。今年 6 月，为纪念抗战胜利 70 周年，广西桂林分中心制作的《八桂红旗飘》《红色遗踪》《壮乡群英录》《八桂将帅录》等 4 部 34 集红色历史文化专题片在广西卫视热播一个多月，取得了良好反响。

3. 推出了一大批优秀数字文化成果，使资源建设工作日益成为文化创新的平台。

福建省分中心围绕《福建文化记忆》主题，系统、分层开展资源项目建设，完成《闽南文化》《妈祖信俗》《福建古民居》等专题片制作，并将专题片制作过程中收集、整理的大量珍贵资料和素材，作为馆藏资源收录到相关数据库中，将文化传播与文化保存有机地结合在一起，受到非遗保护、新传媒领域专家的高度评价。2015 年 6 月，福建省分中心携《福建文化记忆》的 7 部专题片赴台湾参加"福建文化宝岛行"活动，受到广泛关注。

浙江《藏书楼》系列专题片第一次以专题片形式，系统呈现浙江现存的 11 座代表性藏书楼的发展变迁，歌颂了历代有识之士保护珍贵典籍、延续文化血脉的丰功伟绩，该片先后获第四届中华优秀出版物奖、第三届中国出版政府奖提名奖。

安徽省分中心完成《安徽非物质文化遗产》《徽州建筑》《安徽历史文化名城》《安徽历史文化名人》等 14 部、166 集专题片的制作，形成了较完整的资源系列，非物质文化遗产、历史文化名城、历史文化名人等系列专题片思想内涵深厚，成为发展中心向全国推荐的选题。

上海市分中心与上海纪实频道合作完成《近代上海城市文化》系列专题片，包括《小校场年画》《近代上海石印》《上海电影院》《近代上海旅游》，以上海图书馆研究馆员作为访谈专家，深入挖掘、生动讲述小校场年画、石印文献等馆藏资源的历史文化价值，并在纪实频道上首播，既展示了馆藏特色资源和阵容强大的专业研究力量，又传播了上海近代城市文化。

陕西省分中心制作的《秦川佛韵》系列专题片，从佛教祖庭、历代高僧、佛教建筑、佛教塑像、佛事活动、佛教音乐、素食文化、经书典籍、正法珍宝等九个方面，详细介绍了陕西灿烂辉煌的佛教祖庭文化的文化艺术成就。西北大学佛教研究所所长李利安教授认为："这部专题片详细解说了陕西的佛教资源，对文物古迹的保护和开发都有积极的现实意义，也全面展现了陕西的佛教文化。虽然有些古迹在画面的呈现方面有一定困难，但仍然是目前展现陕西佛教文化最全面、也是最好的一部专题片。此次出品的《秦川佛韵》文化专题片，也是陕西省整个丝绸之路数字文化建设的一个成功开始。"[10]2014年10月，在陕西宝鸡召开的第27届世界佛教徒联谊会上，该专题片作为大会纪念品赠送给全世界的佛教徒，产生了良好反响。

新疆维吾尔自治区分中心与相关机构合作，在新疆卫视推出《新疆味道》专题片，受到各方好评。辽宁省分中心制作的《古塔辽宁》、天津市分中心制作的《天津非物质文化遗产》、山西省分中心制作的《山西古村落》等专题片，通过中组部远程教育平台播出。西藏自治区分中心首次完成《格萨尔王》数字资源项目建设，受到中国藏学研究中心、全国格萨尔王研究办公室专家的肯定。

各地在资源项目建设中积累了大量的原始素材，发展中心自2015年开始将素材库的建设纳入资源建设范畴，积极为未来开展优秀文化资源的二次开发、深度开发创造条件。

完全可以说，文化共享工程资源建设属典型的文化创意范畴，所有资源项目的建设，都要进行选题策划、脚本创作、结构（系统）设计、资源组织、资源加工、视频拍摄、后期制作等等，需投入大量的智力劳动。各地在资源建设工作过程中，围绕整合资源，服务群众，不断推陈出新，使资源建设工作成为文化创新的重要平台。

（四）坚持"建""用"结合，边建设边服务，提升了资源服务的水平和效益

过去，地方资源项目建设主要采取多媒体资源库、专题片两种形式。近年来，结合互联网用户信息获取的特点，发展中心指导各地，加大了专题片、微视频、微讲座、音频库、图片库、动漫等资源的建设力度，鼓励各地以影像化、数字化的方式，通俗易懂、形象生动、系统地讲述"中国文化""中国故事"，努力促进优秀传统文化"活"起来。

为在广大青少年中普及戏曲知识，发展中心联合全国9个省份，组织实施了"戏曲动漫"项目建设，大规模开展戏曲动漫资源的建设，今年底将完成五十多个剧种、280部（集）作品的生产。同时，以戏曲动漫资源为载体，在海南、湖南、湖

北等省份组织开展"戏曲动漫进校园活动"，推出戏曲文化体验课堂，引导中小学生学习戏曲知识，辨识戏曲乐器，领略中华戏曲文化的魅力，推动优秀传统文化在中小学生中的普及、传承。

针对特定人群的需求，发展中心积极探索集资源内容、系统、服务终端于一体的产品化的建设方法，推出了针对视障人群的"心声·音频馆"项目，发布音频资源4万多小时，部署到全国各市县支中心及中国残联的服务点，两年来，累计点击量超过3 650万次，服务人次超过百万。面向社区基层群众，实施了"社区文化生活馆""大众美育馆"资源项目建设。

2014年，上海市分中心申报了由普通市民参加的"爱上海"微视频大赛项目，积极探索以群众文化活动带动资源建设的新模式，受到专家好评。2015年，发展中心对这一群众参与性强的资源建设模式进行了推广，联合山西、浙江、安徽三个省级分中心，在全国各省级分中心范围组织开展"文化中国"微视频征集、评选及服务活动，力争将这一活动打造成为文化共享工程资源建设的品牌项目。

为使资源建设内容进一步贴近群众、贴近生活、贴近实际，2015年，发展中心组织各省群艺馆首次参加地方资源项目申报。同时，积极鼓励各地在地方资源项目建设中开展社会化合作。

四、存在的问题与下一步工作方向

文化共享工程资源建设工作虽取得了丰硕成果，但由于多方面的原因，在内容体系、工作机制、项目管理等方面仍存在诸多问题。比如：资源建设工作的系统化、规范化、科学化程度尚需进一步提高，相关理论研究需进一步加强；资源建设项目的申报评审机制、评估机制、资源整合、共享与反馈机制、社会力量参与机制等还有待进一步完善；资源建设的用户意识还不强，资源的丰富性、针对性与基层群众的需求还存在较大差距，资源产品不接地气的问题仍然存在；资源数量已初具规模，但内容创新力不足，有较大社会影响、广受基层群众好评的精品力争仍然偏少；资源建设的相关版权问题较为突出，既存在对购买的数字资源产品版权保护不力的风险，也存在自建的原创资源版权保护意识不强的问题，等等。

加强文化共享工程资源建设工作，首先要坚持以人为本的思想，牢固树立"用户意识"。恩格斯说："文化上的每一进步，都是迈向自由的一步。"坚持以人为本，满足人民群众的精神文化需求，促进人的全面发展，是文化建设的根本目的，也是公共数字文化建设的基本要义。当前，随着我国经济社会的快速发展、信息技术的突飞猛进、新媒体的方兴未艾，人民群众的精神文化需求不仅在数量上不断增长，而且在质量上不断升级，逐渐从消遣层面的需求，上升到发展层面的需求，呈现出多样化、个性化、自主选择性和追求高品质等新特点。为此，要深入调研群众的数字文化需求，探索建立科学、高效的资源需求调查、资源建设、资源使用情况反馈机制，以需求为导向，努力提供"适销对路"的数字资源产品，提升资源服务效益。

加强文化共享工程资源建设工作，其次是要坚持重在建设的思想。作为一项影响深远的公共数字文化建设工程，相对于传统公共文化的内容建设，文化共享工程的资源建设总体上仍处于起步阶段。应针对存在的突出问题，加强以下几个方面的工作，推进资源建设向更高层次、更高水平发展：

一是积极推动资源建设进一步向"建""用"结合方向转变。围绕资源的应用服务，特别是移动互联网环境，创新资源项目建设的内容和形式。围绕"传统文化进校园""边疆万里数字文化长廊""中国文化网络电视""数字文化体验区""国家数字文化网"等项目建设，精心组织专题资源，扩大资源成果的服务渠道，努力打造具有广泛影响力、人民群众喜闻乐见的资源服务品牌。

二是进一步加强资源规划，提高选题策划水平，重点组织实施"中华优秀文化数字化建设与传承计划"，打造精品力作，开展示范。

三是建立健全资源项目建设的立项评审机制、中期管理评估机制、验收机制、成果利用机制、宣传推广机制、社会力量参与机制，努力提高资源建设工作的标准化、规范化、专业化、科学化水平。

四是继续加大资源建设的资金投入，采取购买、自建、交换、接受捐赠、开放获取等多种途径，增加资源存量，提高资源服务的保障能力。

五是进一步加强专家队伍建设，加强理论研讨和交流，提高项目规划、评审和验收水平，做好相关业务培训，提升从业人员的业务素质。

六是进一步加强版权保护工作。制定和细化版权解决方案，既注重扩大购买资源的版权使用范围和使用年限，又兼顾网络环境下资源服务的特点，坚持服务优先与版权保护并行，提高资金的使用效率，加强拥有自主知识产权的资源产品的开发与建设，促进资源建设的可持续发展。

加强文化共享工程资源建设工作，还应牢固树立文化安全意识，同时，努力促进文化"走出去"。互联网被誉为是"没有硝烟的战场"，美国已将网络空间与海洋、陆地、天空、太空相提并论，形成所谓"网域"概念。可以预见，未来网络主权的竞争将越来越激烈。各国在网络以及"网域"上的竞争，通常表现为信息技术、科技实力的竞争，但最终将归结为网上数字内容及其所代表的价值观的感召力的竞争。文化共享工程的资源建设应以社会主义核心价值观为精髓和内核，采取人民群众喜闻乐见的形式，加强舆论引导和正面宣传，维护国家文化安全。中华优秀文化是人类共同的文明成果，在维护国家文化安全的同时，应发挥文化共享工程资源优势，利用互联网以及海外文化中心、孔子学院等平台，传播资源建设成果，加强对外文化交流和中华文化"走出去"，促进世界文化多样性发展。

参考文献：

[1] 尼葛洛庞帝．数字化生存 [M].胡泳.范海燕，译.海南：海南出版社，1997：269.

[2] 胡鞍钢、周绍杰.中国如何应对日益扩大的"数字鸿沟" [J].中国工业经济，2002（3）7-9.

[3] 张彦博主编.公共文化服务的创新与跨越 [C].北京：国家图书馆出版社，2010：1.

[4] 2013 年中国人权事业的进展 [N].人民日报（海外版），2014-5-27.

[5] 朱晓云.《法国文化数字化有大动作》[N].中国文化报，2010-9-30.

[6] 马克·波斯特.第二媒介时代 [M].范静晔，译.南京：南京大学

出版社，2005: 3.

[7] 杨志今 . 以党的十七届六中全会精神为指导推动文化共享工程建
设再上新台阶 [N]. 中国文化报，2012-1-6.

[8] 方彦富 . 文化管理引论 [M]. 福建: 福建教育出版社，2010:
288.

[9] 秦 腔 秦 韵 数 据 库 简 介 .http: //61.185.242.126: 8080/
wenhua/qqqycdsn/sjkjj/index.htm.

[10] 曾世湘 . 专题片《秦川佛韵》拍成 [N]. 西安晚报，2014-10-10.

以技证道

——面向数字人文的家谱知识库建设

夏翠娟 刘 炜 张 磊

（上海图书馆上海科学技术情报研究所 上海 200031）

一、数字人文的兴起

近年来，欧美学界涌现出许多古籍数字化、文献数据库建设等数字人文领域的新项目。一批数字人文研究机构，如国际数字人文组织联盟（The Alliance of Digital Humanities Organizations）、数字人文学会（The Society for Digital Humanities）相继成立。许多大学还设立了自己的数字人文研究中心，如美国斯坦福人文实验室、伦敦国王学院人文计算研究中心等。计算机与网络技术的应用逐渐深入到人文研究的各个领域，数字技术与人文研究的结合成了学者时下讨论的热门话题[1]。

在图书馆界，自从"数字图书馆"的概念提出后，各国的数字图书馆建设兴起了一波又一波的热潮。"美国记忆""欧洲数字图书馆"等大型数字图书馆项目取得了巨大的成功，对全世界的数字图书馆建设产生了影响和号召。自20世纪90年代开始到"十五"末，我国数字图书馆建设实践从无到有，从单一到丰富，已经基本形成了一个既分布又合作的体系结构，也

初步形成了由国家性、行业性、区域性及商业性数字图书馆组成的数字图书馆建设与服务体系。

随着数字图书馆建设所产生的数字化资源的规模越来越大，资源的种类越来越丰富，与其他文化保存机构进行数据交互的需求也越来越多，传统的信息组织方法、信息检索技术、信息展示方式已经不足以应付如此大规模、多种类、全媒体的数字资源，而数字人文的方法和技术正在给数字图书馆的建设与服务带来崭新的内容和活力。

数字人文可以说是数字图书馆建设达到一定规模后的必然发展方向。数字图书馆建设主要是对馆藏资源进行扫描、编目、整理，注重的是资源要有数字化的形态，以便利用计算机帮助进行文献管理，同时为读者提供文献查阅服务。但当资源的量达到了一定规模的时候，这种基于文献的管理和查阅服务就开始碰到了瓶颈。例如，当查询结果达到数十页，成千上万条，而读者需要去一页一页翻阅全文的时候，就很难快速地定位真正需要的内容。而现在，各种现代化的数字技术，如云计算、大数据、语义技术提供了很好的方法，可以对大规模、多种类的数字资源进行内容分析和知识组织，辅助人文研究，并提供面向内容和知识而非仅仅面向文献的精准服务。

二、关联数据技术应用的成熟

　　语义技术由元数据、知识本体，以及一系列相关的技术标准（XML，RDF，OWL）、逻辑和推理方法以及智能代理工具组成。语义网可以根据含义用概念组织知识；具备相容性检查和新知识提取功能的自动工具支持知识维护；问答系统取代关键词搜索——用人性化的方式检索、提取和表示所需知识；支持跨文献的问答功能；能够规定用户查看信息的指定部分（数据）的权限。利用语义网的理念和关联数据技术改造数字图书馆的数字资源，实现面向知识的数字人文服务是一条可行的成熟的路径。

　　关联数据正是语义网的一种轻量级实现方式。从蒂姆·伯纳斯·李于21世纪初倡导"语义网（Semantic Web）"运动，并于2006年提出"关联数据（Linked Data）"的概念和技术框架以来，图书馆界多年来致力于利用关联数据技术改造图书馆数据，使之适应网络环境，成为网络的一部分，瑞典、美国、匈牙利、英国、德国、西班牙、日本等国的国家图书馆，以及OCLC，已陆续将自己的书目数据或规范数据发布为关联数据[2]。关联数据作为语义网的一种轻量级的实现方式，基于目前成熟的网络技术如HTTP、URI等，使数据可以方便地在网络上展示、共享，同时采用W3C的语义网标准——RDF数据模型对数据建模，使数据与数据之间的关系可被机器识别和处理，图书馆的数据要成为万维网甚至是语义网的一部分，关联数据是一种简便可行的方式。

　　2008年，美国国会图书馆"书目控制未来工作组（Working Group on the Future of Bibliographic Control）"发布了最终报告，呼吁图书馆界设计开发新的书目格式，以适应新的编目环境。2011

年 5 月，美国国会图书馆宣布发起"书目框架先导计划"，目的是开发出一套适用于网络的书目框架格式，最终可以取代 MARC，同时又兼容后 MARC 时代的内容标准如 RDA 和元数据标准如 DC 等 [3]。除国会图书馆外，还有德国国家图书馆、大英图书馆等六个大型图书馆参与早期试验，2012 年底，国会图书发布书目框架的关联数据模型草案，正式推出书目框架格式（简称 BIBFRAME），同时发布功能需求与用例，展示了 BIBFRAME 为网络而生的初衷和改造图书馆数据使之适应新环境的巨大潜力 [4]。

三、家谱知识服务的新需求

3.1　上海图书馆家谱服务的现状

　　家谱，又称谱牒、族谱、宗谱、家乘、世谱等，是同宗共祖的血亲团体记载本族世系和相关事迹、反映本家族繁衍发展过程的历史图籍。它与正史、方志，构成了中华民族历史大厦的三大支柱，在中国乃至世界的文明发展史上，堪称弥足珍贵的文化遗产。家谱的内容通常包括姓氏源流、谱序、家法族规、恩荣、像赞、墓图、礼仪、排行、世系图表、传记、艺文、契约合同、族产、领谱字号、修谱及捐助姓氏等部分。它的独特的价值，已得到了学界的广泛认同。

　　上海图书馆是全世界收藏中文家谱（原件）数量最多的机构。为了更好地保护、庋藏和利用这些资料，上海图书馆在过去十多年来一直在进行着卓有成效的家谱整理研究和数字化工作，主持编纂并出版了《上海图书馆馆藏家谱提要》《中国家谱总目》《中国家谱通论》《中国家谱资料选编》等具有较有业界影响的研究成果，并初步建立了包含 2.2 万余种家谱的影像资源库，供读者在线查阅。

该资源库以家谱文献为管理对象，采用对文献进行著录的一整套元数据元素集，以 MARC 为数据格式，可通过题名、姓氏、居地、堂号、著者、名人、丛书、索取号等与家谱文献相关的字段进行检索，在家谱阅览室可以查看扫描的影像文件。这种仅仅以文献方式建立的信息系统在很多时候无法满足用户的查检需求，最大的问题就是缺乏规范控制，对于姓氏、年代、人名、地名等所有字段都只能采用关键词（自由词）匹配而不是概念匹配，缺乏必要的准确性，极大地影响了查全率和查准率，而且缺乏聚类功能，缺乏关联关系的发现等，这些缺陷正好都是目前关联数据技术的强项。这也是上海图书馆要利用关联数据技术的主因，希望能够兼顾家谱文献管理和内容揭示两方面需求，使图书馆的信息系统由于应用了语义技术，而能够为更多的人所利用（如图 1）。

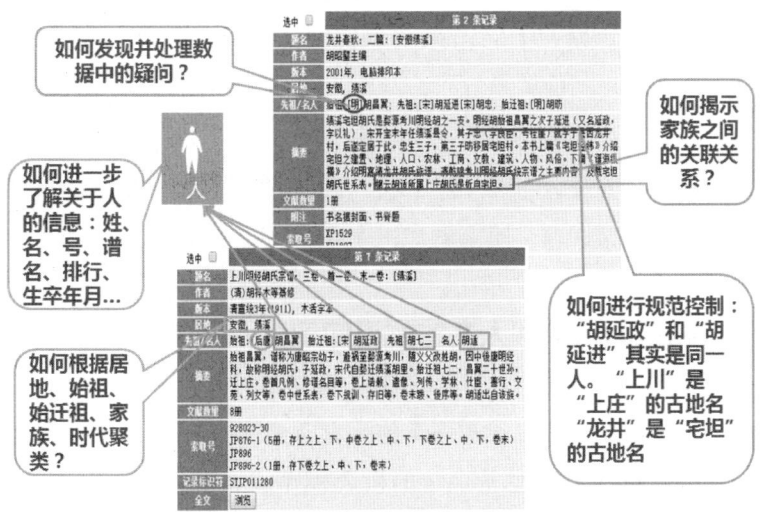

图 1　家谱知识库的新需求

3.2　家谱知识库要实现的目标

针对上述家谱服务的现状，结合数字人文的特点和关联数据技术的长处，家谱知识库要实现的目标主要包括以下几个方面：

书目控制：立足于《中国家谱总目》，建立全国，甚至全球的家谱联合目录。用户访问该网站即可得知某家谱在全球各大机构的收藏情况。

规范控制：主要解决的是同一人名、地名、朝代名不同表述方式的认定、消歧与合并。例如明经胡氏相关家谱中的"胡延政"和"胡延进"其实是同一人。"上川"是"上庄"的古地名，"龙井"是"宅坦"的古地名，系统需明确区分。

聚类展示：支持根据姓氏、谱籍、朝代对文献进行聚类。

关系发现：发现数据间的关系，如文献间的关系——续修、影印、重修、不同馆藏地点的同一家谱；人与人之间的关系；人与地之间的关系。

知识积累：发现并纠正错误，允许用户添加评论，允许可信赖的专家编辑数据，吸收并保存用户与专家贡献的新知识，实施语义推理，使家谱知识库成为不断生长的有机系统。

四、构建面向数字人文的家谱知识库

4.1　基于 BIBFRAME 的知识本体设计

本文中所说的知识本体（有时简称本体），是专指对领域知识进行抽象，建立一定的概念模型，并使计算机能够"理解"这个模型的一种形式化知识表达工具。知识本体常常表现为一套体系化的术语词表及其相互之间关系描述，并以一定的机器语言进行编码而得到的代码体系。书目框架（BIBFRAME）就是图书馆领域的一个最新的本体模型，它由许多不同的实体类和属性构成，类和属性的定义及取值都在书目框架术语词表（BIBFRAME vocabulary）中规定。自 2011 年 5 月起，美国国会图书馆联合大英图书馆、德国国家图书馆等六个图书馆，请 DC 元数据的发明人之一，也是语义万维网技术的倡导者 Eric Miller 领衔，正式启动"书目框架计划"。该计划的主要目标是设计一套互联网时代的书目数据标准，用以取代 MARC，并能为图书馆、档案馆、博物馆、美术馆等相关"人类文化记忆机构"等共同使用。BIBFRAME 的"作品——实例——单件"的数据模型，有利于对家谱文献进行科学管理，实现家谱的书目控制功能。同时 BIBFRAME 又是为关联数据而生的开放数据模型，聚集一大批该领域的专家学者，代表着图书馆界利用关联数据的前沿。

家谱本体设计的难点在于对人、地、时、事之间复杂关系的处理，尤其是家谱数据中对时间和地点的描述：不同时间同一地点的名称不一致、不同地点重名、同一地点在不同的时间范围内属于不同的行政区域划分、同一时间使用不同的纪年方式、时间范围的起止定位等问题，为数据的清洗和实体对象的提取带来了困难。处理这些问题，引入了已有的外部本体和规范词表，例如事件本体（Event Ontology）、时间本体（Time Ontology）、关系本体（Relationship Ontology），还有即将以关联数据发布的 Getty 的地理名词叙词表等，来处理人、地、时、事之间的复杂关系，以补充 BIBFRAME 的不足 [5]（如图 2）。

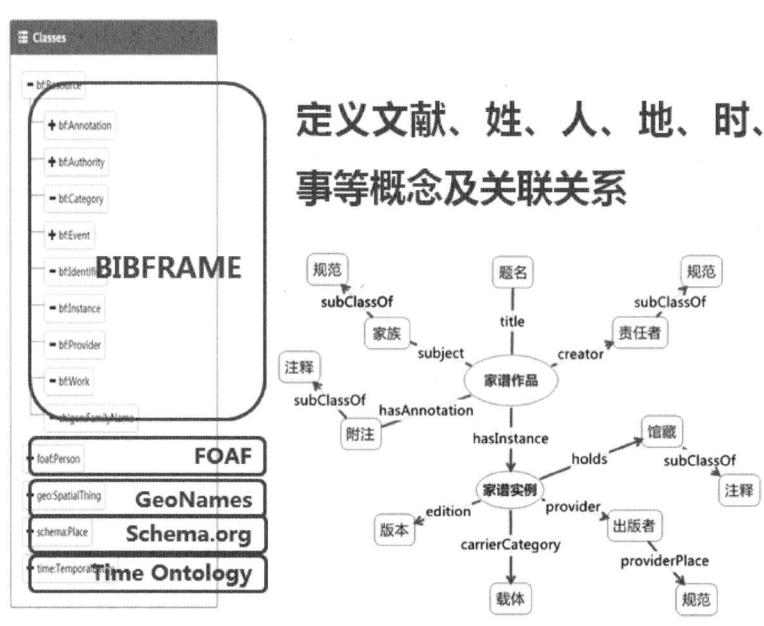

图2　基于 BIBFRAME 的家谱本体

　　上海图书馆的家谱本体目前已更新至 2.0 版，包括类 48
个，属性 111 个。其中自定义类 16 个，自定义属性 57 个。

4.2　数据加工、清洗与转换

　　数据清洗和转换的目的是从已有的文献元数据中提取姓氏、
人、地、时、事等实体及其描述信息，根据关联数据的四原则，
为每一个实体赋予 HTTP URI，用 RDF 抽象数据模型建立各实
体相互之间的关联。数据用适合 RDF 数据序列化格式如 Turtle
表示，存储于专用的 RDF 存储库中。

　　数据加工主要是将《中国家谱总目》的五万四千余种家谱
的文本格式的数据依据家谱本体的结构进行结构化，同时与上

海图书馆的馆藏家谱进行合并。从中抽取规范数据八种，包括家谱题名 70 908 个，谱籍地名 52 565 个，纂修者 45 860 个，堂号 18 252 个，先祖 69 810 个，名人 1 872 个，收藏机构 597 个，历史纪年表自周至民国共 15 个朝代。其中家谱题名需区分正题名和副题名；谱籍地名需进行规范化，找到每一个地名所属的省市县，在地图上进行唯一定位、去重、古今地名对照合并；收藏机构分别增加中英文机构名、简称、详细地址等信息；历史纪年表中的每个朝代和年号作为不同的实体，找出其起止年份，与公元纪年进行对照。之后，按照本体的类和属性为每一个实体生成 RDF 三元组格式的描述信息。

4.3 系统实现

家谱知识库的系统实现完全基于成熟的语义技术及相关工具平台。首先，从文献的元数据中提取姓氏、人、地、时、事等实体及其描述信息，赋予 HTTP URI。我们调研了 CoolURI，国际上政府领域和各大图书馆的关联数据项目，根据上海图书馆的实际需求，完成了《上海图书馆 URI 设计规范》，以此为依据为家谱数据中的各种实体生成 HTTP URI。利用 RDB2RDF 和 OpenRefine 等工具对原来存储于关系数据库和 EXCEL 表格中的元数据记录进行清洗和转换后，生成的 RDF 数据以 Tuttle 格式输出，存储于专用的 RDF 存储库中（Open Link Virtuoso）。RDF 存储库和可视化展示层之间用 RDF 查询语言 SPARQL 实现数据的查询和存取，利用 Jena 作为开发工具来实现对 RDF 数据的处理，并利用 SIMILE Timemap、Baidu Echarts、OpenStreetMap 等数据可视化工具实现可视化展示。整个开发框架如图 3 所示。

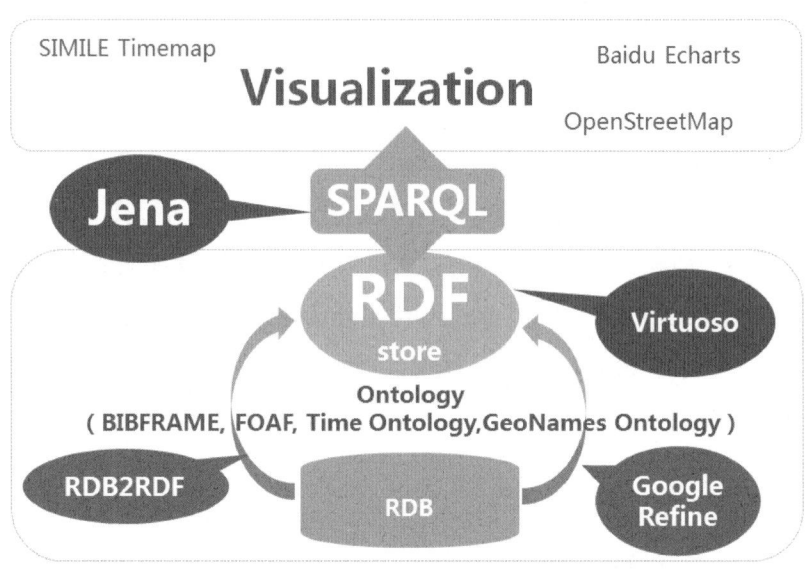

图 3　基于语义技术的开发框架

4.4　数据发布与服务

4.4.1　本体和公共数据集的发布

知识本体是领域共享的知识，得到更多应用系统的重用才能体现更大的价值。本体的重用需要做好两方面的准备：一方面要准备供人读的翔实的说明文档，对类和属性的定义要明确，尽量避免在被重用的过程中产生歧义；另一方面要在 Web 上发布机器可读的基于标准编码语言的文档，一般用 RDFs 或 OWL 语言，在文档中声明前缀和命名空间，用规范的元素描述类和属性的定义。书目框架采用了 RDFs 的 9 个元素来对其本体词表编码。

家谱本体以 RDFs 编码后，以关联数据的形式在 Web 上公开发布。于 2014 年 11 月发布第一版（V1.0）后，已经过多次更新，目前是 2.0 版。1.0 与 2.0 的最大区别是将命名空间前缀由 shlgen 改为 shl，命名空间由 <http：//gen.library.sh.cn/vocab/> 改为 <http：//ontology.library.sh.cn>，代表着家谱本体已扩展成为可适应上海图书馆其他资源如盛档、名人手稿的应用需求，而不仅仅限于家谱。

　　为了让同行和数据消费者更好地了解本体的详细情况，网站提供三种视图浏览模式：模型视图（Model View）、类视图（Class View）和列表视图（List View）。图 4 是模型视图的可视化展示界面。

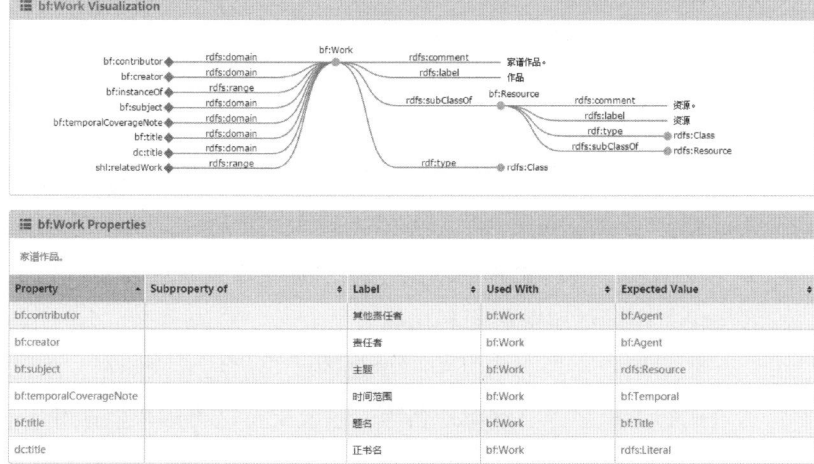

图 4　本体的发布和可视化展示

　　网站对上海图书馆家谱本体的发布采用了关联数据技术，遵循关联数据的四原则。术语均赋予了 URI，并实现内容协商，如用普通的浏览器访问，系统将返回 Html 页面，当用语义浏览器或语义代理（程序）访问，系统返回关于 Person 的 RDF/

XML 数据。也可以获取上海图书馆家谱本体的全部 RDF 数据。

在对家谱数据进行清洗的过程中，整理出一些规范词表，如用于描述先祖名人所处朝代的"中国历史纪年表"、用于描述谱籍地名的"地理名词表"、用于定位家谱收藏机构的"收藏机构名录"等。这些词表中的数据不仅来自于已有的家谱元数据，更对其进行了进一步的规范和补充。为更好地实现数据共享和重用的目的，这些数据集也以关联数据的形式在网站 http://data.library.sh.cn 上公开发布。该网站作为上海图书馆的开放数据平台，将陆续向互联网公开发布各种术语词表、规范档、书目数据等。并提供各种数据消费接口供开发人员调用，以促进数据的开发获取、共享和重用。

4.4.2　用户服务

家谱知识库不仅以知识组织的方法和技术重新组织了已有的资源，还以差别化分层服务的方式为用户提供更为细致的服务。根据服务的对象和需求的不同，为普通大众和人文研究学者提供了不同的服务界面和功能。

普通用户主要需求是根据少量的已知信息寻根问祖，如已知姓氏和先祖名人、谱籍地名等，系统支持这类用户根据姓氏、人名、地名浏览或查询相关信息，如姓氏的来源、排名、本族的先祖名人等。在功能设计上，力求简单、方便、快捷、准确；在内容编排上，趣味性和知识性并重；在 UI 设计上，注重用户体验，做到美观大方而又别具一格，不仅提供了 PC 版，还设计了专用于手机展示的微网站（如图 5 和图 6）。

对于那些想利用家谱资料进行人文研究的专家学者，提供

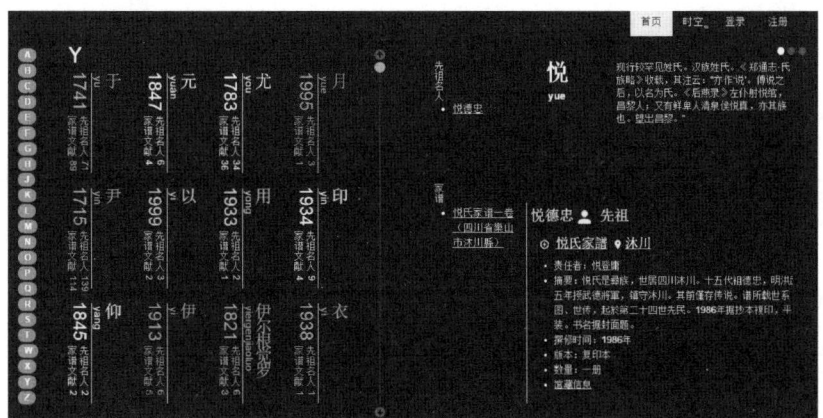

图 5　面向普通大众的姓氏寻根服务

http://weijp.library.sh.cn

图 6　家谱"寻根问祖"微网站

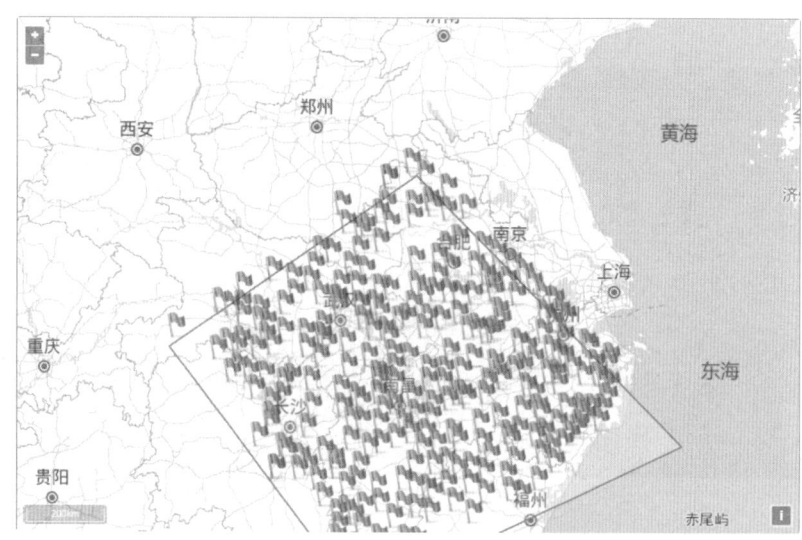

图 7　面向人文研究学者的时空浏览和基于概念匹配的查询服务

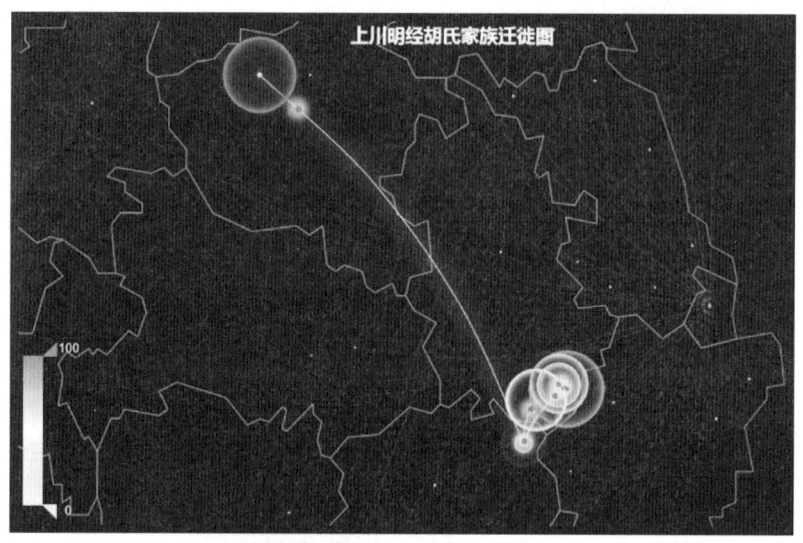

图 8　利用技术讲故事——上川明经胡氏家族迁徙图

了基于概念匹配的查询和基于时空关联的可视化展示方式（如图7）。图8的明经胡氏家族迁徙图是一个很好的语义技术辅助人文研究的例子，将原先散落在六种不同家谱文献中的人、地、时、事（迁徙事件）关联起来，形成完整的知识图，以用户喜闻乐见的可视化方式，让用户对一个家族的迁徙路线和散居地有一个直观的了解。

图9实现了作为全球家谱联合目录的书目控制功能，用户可了解一种家谱在全球各地收藏机构的收藏情况。

图9　《上川明经胡氏宗谱》在全球各地的收藏情况

五、总结与展望

家谱的独特内容价值和上海图书馆的丰硕研究成果，为构建数字人文服务平台提供了内容上的基础，而语义网知识组织和知识管理的方法体系和关联数据的数据转换、数据发布、数据关联和数据可视化技术为构建数字人文服务平台提供了方法和技术的保障。

除家谱资源外，上海图书馆还有包括盛宣怀档案、中国近现代文化名人手稿馆、上海年华系列资源库群等宝贵的资源，也具有独特的人文研究价值。

家谱知识库是上海图书馆数字人文服务平台建设的一个起步，除了升级家谱资源的组织管理方式和提升用户服务之外，还起到了探路先锋的作用，其产生的成果包括不仅适用于公开发布的数据集：《中国历史纪年表》《地理名词表》《机构名录》等，这些数据集不仅可为家谱知识库所用，也可为上海图书馆的其他资源共享，如《中国历史纪年表》可为所有历史文献资源提供公元纪年和中国历史纪年的时间转换服务。这些数据集以关联数据的形式在 Web 上公开发布并提供数据调用接口后，还可为除上海图书馆外的其他应用服务。另一方面，通过家谱知识库的开发，上海图书馆的技术团队打通了一条基于关联数据技术构建数字人文服务的技术路线，为后续的数字人文服务平台建设开拓了道路。

参考文献：

[1] Warwick, C. et al. Digital humanities in practice[M]. London: Published in association with UCL Centre for Digital Humanities, 2012.

[2] 吴贝贝，夏翠娟. 关联书目数据模型比较研究. 图书馆杂志，2015（5）.

[3] 刘炜，夏翠娟. 书目数据新格式 BIBFRAME 及其应用. 大学图书馆学报，2014（1）.

[4] 夏翠娟. 面向语义网的书目框架 BIBFRAME——功能需求及实现. 大学图书馆学报，2014（12）.

[5] 夏翠娟等. 基于书目框架（BIBFRAME）的家谱本体设计. 图书馆论坛，2014（11）.

一图胜千言

——上海图书馆的创新型可视化数据服务实践

杨 佳

（上海图书馆上海科学技术情报研究所 上海 200031）

前言

探索创新型可视化数据服务，是在大数据时代下，对图书馆如何利用自身信息系统内的数据资源的一次思考。大数据首先是一个技术概念，是一个发展中的具有"破坏性创新"威力的技术群，包括采集产生数据、存储数据、数据传输以及数据处理分析的技术[1]。大数据技术的意义不在于掌握庞大的数据信息，而在于对这些含有意义的数据进行专业化处理，激活系统中沉睡的海量的读者数据、读者信息行为数据，发挥它们的价值。

自 2007 年起，上海图书馆就以探索图书馆人性化服务为目标，进行了一系列关注于阅读推广的数据服务尝试，如个性化新书推荐等。2012 年后，结合可视化技术推出了一系列创新型数据服务，共分四个方面：一是读者年度个人阅读账单；二是年度阅读报告；三是流通分析报告；四是实时数据展示的应用。

自 2001 年开始建设的上海市中心图书馆体系，是以上海图

书馆为总馆，其他区（县）图书馆、高校图书馆或专业图书馆为分馆，街道（乡镇）图书馆等为基层服务点而组建的图书馆联合体，各成员馆在行政、财政上相互独立，但在系统上，"一城一网一卡一系统"的服务平台已成为特大型的城市图书馆集群系统。截至2015年底，该体系已有成员二百五十多家机构，读者包括来自一百多个国家的三百五十余万人，系统的书刊流通量10年间一直呈现稳步增长趋势（见图1）。创新型可视化数据服务的实践，就是借助数据分析和数据可视化的手段，挖掘上海市中心图书馆体系运营所产生的数据的价值，以运营数据本身为内容实现二次服务，以进一步推广和提升公共文化服务。

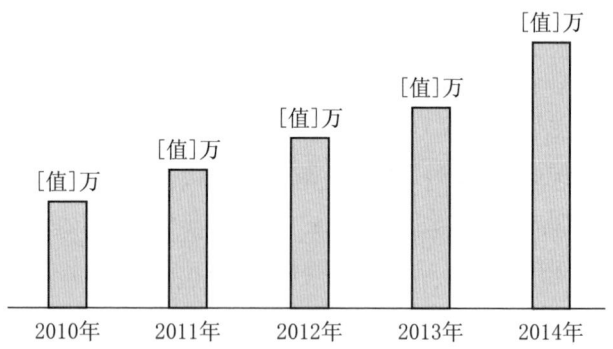

图1　2010—2014年上海图书馆上海市中心图书馆流通量（册次）

一、年度阅读账单总体设计

　　读者年度个人阅读账单是基于读者上一年借阅历程的一份回顾。项目受到支付宝年度消费对账单的启发，以一年内读者与图书馆互动的数据为基础，通过数据分析对读者的阅读足迹进行信息挖掘、聚合，形成个性化的内容，同时推送具有针对性的服务：根据读者借书逾期的情况，推荐提醒服务；若读者外借历史中包括进入图书外借排行榜的热门图书、是某一本图书的唯一外借者、或是多次外借了同一本图书，则通过提示读者这一特别的行为，推荐他参与"一句话书评"活动，进行互动。

　　通过历数其借阅历史、册次、偏好后，依据其阅读偏好，读者年度个人阅读账单分别赋以读者"文青""极客""书虫"的冠名称号，并配以形象的插图增强趣味。读者年度阅读账单在春节

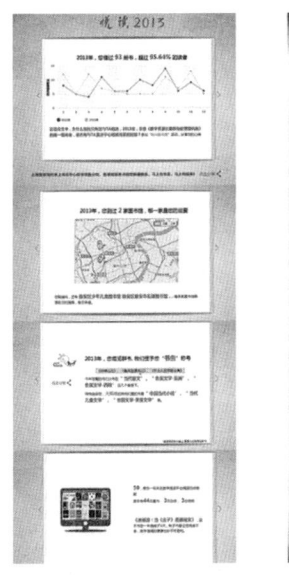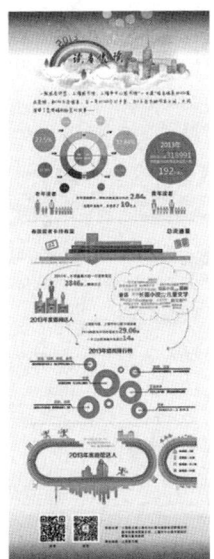

图2　2013年度阅读账单通用版、个人版示例

前发布，既可作为贺年问候，又兼顾了个性化的新服务推广。通过阅读对账单，读者不仅可以了解自己全年的阅读足迹、阅读习惯，在数据比较中了解自己的阅读能力和水平，还可以更好地梳理自己的知识积累，为制定新一年的阅读计划提供参考[2]。

个性化的年度阅读账单，作为一项激励，只发给那些借书册数在中位数以上的读者。未达到这一标准的读者，则可通过读者年度通用版大众阅读账单了解图书馆整体运营情况和其他读者的概况。这种二分法的服务方式，一方面是由于个性化数据分析需要依托于一定的读者与图书馆交互活动的日志数据量，另一方面，对自己的借阅历程有所好奇的读者受到激励，也可通过更多借阅图书，在后一年收到个人阅读账单，以此亦可推动全民阅读量的提升。

二、公共图书馆阅读报告总体设计

每年 4 月 23 日世界书籍与版权日前夕，中国新闻出版研究

图3　2013 年公共图书馆阅读报告示例

院都会公布上一年度的全国国民阅读调查报告（如图3），通过对全国范围内样本城市的全年龄段国民抽样调查，加权得到全国国民阅读数据。国民阅读调查已经成为了解国民阅读状况的平台，也在一定程度上反映了全民阅读活动的效果，调查的结果为进一步推动全民阅读提供了有价值的参考[3]。

借此阅读的节日，我们推出的阅读报告是以信息图表为主要表现形式，面向阅读推广的阅读白皮书。报告中不仅有上海市中心图书馆的整体情况介绍，也有中心图书馆的所有读者的构成与相关属性分析，还有图书流通册次的历史对照，热门图书分类、热门作者、热门关键词以及读者的借阅量与跑馆数记录等等，反映了区域图书馆总体运行状况。

三、流通分析报告总体设计

流通分析报告从读者借阅图书的数据入手，根据读者群分类、图书的中图法分类、语种分类，从读者基本情况、馆藏基本情况、借阅情况、借阅文献分析、馆藏与借阅关系分析等方面，对一整年的流通数据进行深度分析。根据成人／少儿不同的图书，通过中图法，对于大类中的热点，一层层过滤至下一级子类（最多细分到三级类目），寻找每个大类下的热点分类、热门作者、热门出版社，发掘各类图书中的阅读热点，比较成人／少儿不同类型图书的区别（如图4），力图叙述热点背后的故事。总结出了诸如"诺奖热""影视改编热"等流通特点，挖掘出话剧、摄影、园艺等近年来借阅量上升明显、更受读者欢迎的图书分类，在反映阅读倾向的同时，为调控馆藏、读者的阅读选择、图书馆阅读推广活动提供有价值的参考。

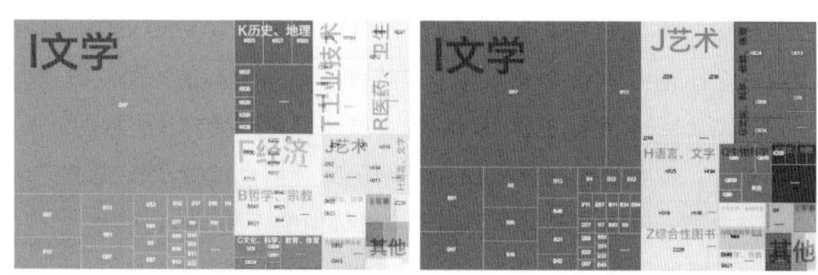

图4　2013年成人/少儿流通类别分布对比

四、实时数据展示屏总体设计

西雅图公共图书馆（Seattle Public Library，SPL）改建建筑空间时提出的利用信息技术将图书管理视作数据，将图书馆视作数据交换中心，利用可视化手段展现数据。SPL与交互媒体设计 George Legrady 合作的名为"Making Visible the Invisible"的项目计划在十年间将采集的图书流通量以小时为单位进行分

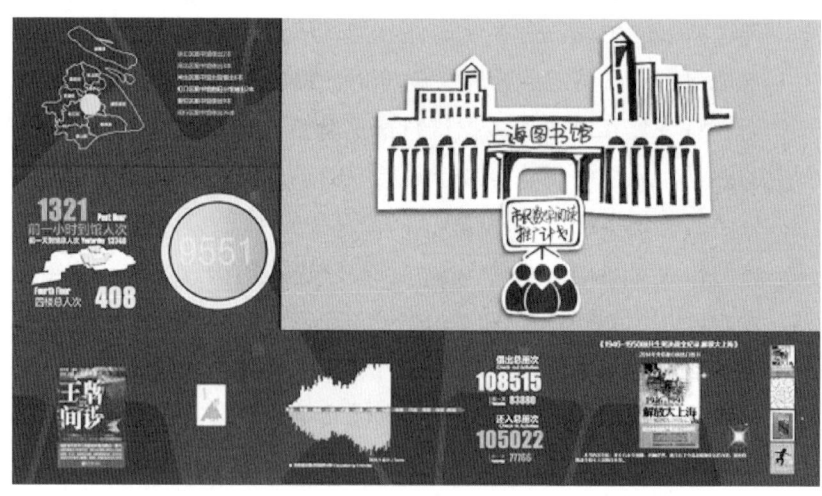

图5　上海图书馆上海市中心图书馆实时数据展示屏

析，并利用可视化技术将分析结果展现在 6 个 LCD 的屏幕上，该屏幕位于改建后的 SPL 主要咨询台上方，背后即为 SPL 的一个大型开放式信息检索、研究阅览室 [4]。

"上海图书馆上海市中心图书馆实时数据展示屏"（如图 5）采用新颖的多媒体交互展示方式展现"上海图书馆上海市中心图书馆"阵地服务、流通业务等的即时情况，以创意展示的形式在大屏交互展现。

"展示屏"由 3×3 的液晶屏组成：左上的上海市地图上每一个闪现的圆点展示了上海市中心图书馆体系中一家图书馆此刻的书刊外借情况，圆点的颜色代表了该馆的层级；面积反映此刻书刊外借量的大小。左中最醒目的右侧的圆圈内，跳跃上升的是今日到馆总人次的数字，把上海图书馆阵地服务的情况娓娓道来。左下今日借出 / 还入图书封面的即时展现屏呈现的是当前正在借出 / 归还的图书封面。中下以服务时间为横轴，每 5 分钟采集汇总的借还数据的柱状图，表达了流通量随时间流逝的变化情况，配色采用了强烈的绿色和橙色，衬底的灰色图形则显示了前一日的流通情况，两相对比，一目了然。右下呈现的是新书、热门图书、馆员荐书的图书，配以简单的内容简介或馆员荐语。右上 2×2 屏的区域则是宣传视频、服务介绍等轮播。"展示屏"利用可视化的方式来展示从数据中抽取出的信息，通过给观众讲故事的形式，使读者能在数字之外有所启发 [5]。

五、数据与展现

5.1 数据分析维度

在没有阅读大数据积累的过去，图书馆大部分依靠读者调查和反馈来获取一手的读者意见，其统计方法以抽样调查为主，结果相关性和针对性不足，统计效率和实时性也较差。创新型可视化数据服务以全数据代替抽样，通过大数据高效率分析寻找阅读关联性结果。数据分析均以读者最感兴趣的图书流通数据为主要采集对象。

图 6 数据实体—属性分析示意图

对于采集到的数据，从人、书、地三个实体理解。人，是访问图书馆的读者，他们借阅书刊，检索数据库，获取新知。不同的人具有不同的性别、年龄、学历、职业等属性，影响他们不同的阅读习惯、偏好。书，是图书馆提供借阅服务的根本，经过编目人员的专业加工，具有书名、著者、出版社、分类号、封面等各种属性。地，是上海图书馆和上海市中心图书馆联合体的性质决定的，具有层级、区县等属性。不同的数据服务侧重于对不同实体的不同属性集合的不同角度的数据分析（如图 6）。

5.2　数据展现维度

内容和功能决定了数据服务的展现方式。读者年度个人阅读账单侧重于"个性化"分析，所以以读者为出发点，围绕读者活动设计；流通分析报告不断围绕图书分类深化挖掘，所以出发点就是图书实体。阅读报告反映区域图书馆总体运行状况，结合读者、图书、地点的各类属性进行综合分析展现。

实时数据展示屏在人、书、地三个实体的基础上，结合时间因素，根据不同屏展现内容的不同，以读者为出发点的到馆读者屏，结合楼层这一地点实体的属性，展示了阵地服务的热度；以图书为出发点的封面屏呈现的是当前正在外借 / 归还书刊的图书封面，虽然只用到了图书实体的封面这一个属性，但通过向外扩散 / 向内聚集不断变化的动作设计，提升了视觉的冲击力。

可以看到，由于数据采集、清理和处理的准备工作可以先期进行，使得非实时性的数据服务，对实体的属性维度利用更高；反之，即时数据展示的数据处理及时性要求的增高使得对数据属性维度的利用难度增加。

5.3　数据管理维度

5.3.1　数据仓库的建立

图书馆的运营数据存在于不同的业务系统中，仅仅掌握单一系统的运行数据已经无法满足数据服务的数据基础，必须通过建立数据仓库的方式，将图书馆自动化管理系统、读者信息管理系统、门禁系统、数字资源访问系统、网络管理系统等各类系统中的数据采集、清理、整理在一起，不仅包括内容数据，还应含有单一系统的运营数据。在采集过程中，进行数据清理的工作，包括消除源数据中的不一致性；在不同系统中的同类数据间根据对应关系，建立对照，以保证数据仓库内的信息整体性、一致性。

除了系统内业务系统可以采集到的数据，由于 Web2.0、开放数据、关联数据等各项技术的发展，图书馆数据服务亦可利用第三方平台。比如上海图书馆的图书编目不涉及封面，为了"展示屏"项目可视化呈现更具体、直观的效果，我们与第三方机构合作，获取图书封面，该项目中，与立足文化生活发现的创新网络服务的豆瓣网，借助 ISBN，通过开放接口（API）的方式进行数据交换。

5.3.2 数据管理

数据仓库的建立是在数据库已经大量存在的情况下，为了进一步挖掘数据资源而产生的，与一般"大型数据库"的设计不同，往往有目的性地设置较大的冗余，因此需要的存储较大。由于数据采集需要同时兼具效率与质量，创新型可视化数据服务所依托的数据仓库的采集频率以日为周期，利用晚上业务系统空闲阶段，进行数据采集，同时通过数据清理和关联、整序，进行数据维护。实时数据展示屏设计时，对采集的效率提出了更高的要求，几乎每一分钟都要从多个系统采集运营数据，几乎没有清洗的时间就要展现在前台，因此不仅对数据属性维度的利用低，脏数据的存在率也较大，因此这部分的数据，作为临时数据源，每晚清除。

对数据质量的管理也是数据仓库的重要一环。建立数据仓库的方式可以缓解报表、统计、数据服务等对应用系统造成的较大压力，但过程难免由于网络等问题造成信息丢失，因此在数据采集时，对于本身具有递增主键的数据，可通过断点设置自动补足遗漏；对于有日期信息数据集，可根据日期进行数据集检验，及时发现问题，进行干预；对于具有一定变化规律的数据，设置预警，一旦异常产生立即提醒管理员。

5.3.3 使用数据

大数据分析面临的一大争议是隐私性，在综合考虑数据安全性、读者隐私的前提下，在数据服务中，上海图书馆采用自主研发的方式，利用系统自动采集，隐去读者标识。

同时，对于复用性较高的数据分析结果，采用了数据接口与展示分离的设计理念，通过提供接口的方式，形成一套标准的数据输出；在开发接口时，遵循标准的 WebService 接口输出，提供 XML、JSON 等标准格式的输出结果，可以为不同数据服务的创新实践降低开发成本。

六、小结与展望

上海图书馆的大数据应用服务通过上图网站、阅读推广博客、微信等多渠道向社会发布，并获得了上海市政府新闻办公室官方微博"上海发布"的报道和转发。从读者出发，建立的"悦读"系列年度阅读账单的做法，受到了文化部副部长杨志今的批示"是创新公共文化服务的一种有效尝试"。这一系列创新型的应用，作为领悟阅读大数据的新含义、探索提升阅读服务体验的一种方法，通过可视化方式展现各个图书馆的服务情况，既方便图书馆洞察运营情况和发展趋势，起到决策支持作用；又能吸引读者关注的兴趣；读者边享受视觉盛宴边学习知识，求知欲亦能被大力激发。

实践的背后离不开管理文化上的创新——泛技术合作社团，这一强调平等、混搭、创新的跨部门泛合作组织成员基本上都是富于创意又了解工作需求的一线员工，具有年轻化的特点，采用跨部门合作方式进行图书馆服务创新[6]。无论是个人版年度阅读账单的创意来源，夺人眼球的个性化标签设计，美观大方的公共图书馆阅读报告的设计，阅读信息图的呈现，都来自于这一群年轻员工的才气和热情。自推出这一系列服务之后，我们又再接再厉，不断从内容、形式两方面继续新的尝试，先后制作了适合微信传播的年度阅读账单，针对通过"中小学生电子学生证作为上图读者证"合作协议成为我们新的主要读者群的少儿，我们制作了色彩更丰富、形式更活泼的少儿版阅读账单，今后我们也将继续紧贴实际与环境变化，不断进行新的创新尝试。

参考文献：

[1] 陈超. 图书馆如何迎接大数据时代？[J]. 图书馆杂志，2014，33（1）：4-7.

[2] 舒琳. 技术服务双升级带动读者体验"新阅读"[N]. 中国文化报，2013-3-13（7）.

[3] 尚烨. "第十一次全国国民阅读调查"成果发布——2013年我国成年国民图书阅读率为57.8%. 阅读率连续七年稳步提升[OL].[2014-10-11].http：//www.chuban.cc/yw/201404/t20140423_155079.html. 图书馆现代技术学术研讨会. 北京.

[4] Legrady, G. Making Visible the Invisible: Seattle Library Data Flow Visualization[C/OL]//Digital Culture and Heritage. Proceedings of ICHIM05, Paris, France, 2005. [2014-03-02]. http: //www.museumsandtheweb.com/biblio/making_visible_the_invisible_seattle_library_data_flo.html.

[5] Alison Circle. Telling Your Story With Visual Power[EB/OL]. [2014-3-12]http: //lj.libraryjournal.com/2012/01/marketing/telling-your-story-with-visual-power/.

[6] 吴越. 一颗 "饭团" 的创意黏性——上海图书馆泛技术合作社团引导服务创新 [N]. 文汇报, 2013-7-7(1).

中国高等教育数字图书馆的发展与创新

姚晓霞 陈 凌 朱 强

（北京大学图书馆 北京 100871）

摘要：

CALIS 研发的"统一认证系统、数据交换系统、中心调度系统、联合资源订购平台、联合参考咨询系统、云服务平台"在中国高等教育数字图书馆的发展与创新过程中，起到了关键性的作用，为高校图书馆的资源共享做出了突出的贡献。

关键词：中国高等教育数字图书馆；CALIS；资源共享；云服务

一、中国高等教育数字图书馆的发展战略

作为全国最大的高校图书馆资源共享联盟，中国高等教育文献保障系统（CALIS）的宗旨是，在教育部的领导下，把国家的投资、现代图书馆理念、先进的技术手段、高校丰富的文献资源

CALIS

和人力资源整合起来，建设以中国高等教育数字图书馆为核心的文献信息联合保障体系，实现信息资源共建、共知、共享，以发挥最大的社会效益和经济效益，为我国的高等教育服务。

CALIS以"资源共享"为目标，以"普遍服务"为指导方针，以"云计算"为技术手段，以"多级保障体系"为服务骨干队伍，经过十多年的建设，已基本建成中国高等教育数字图书馆，通过覆盖全国各类高校的图书馆共享网络，成功地将各项建设成果部署到全国，嵌入到众多高校图书馆本地服务的流程之中，大大提升了高校图书馆的整体服务能力，成为众多高校图书馆自身服务链中不可或缺的一环，成为真正意义上的"高等教育公共服务设施"之一。目前，CALIS采集和加工的数据量已经超过2.7亿条，研发并应用到成员馆的各类系统近50套，服务覆盖了全国各级各类高等学校近2 000所，注册读者近1 500万，培训馆员近4万人次，提供了资源查找、全文获取、馆际互借、联合咨询、系统租用、培训认证等服务，为高等学校的教学科研提供了有力的支撑。

在建设过程中，CALIS采用了"预研一批、试点一批、推广一批"的战略，首先充分调动业务、技术处于前沿的大馆的积极性，进行图书馆发展的方向性探索以及图书馆新技术新服务的预研；在此基础上，将研制开发的新服务系统在部分条件较好的图书馆试点应用，并不断完善；当试点成功后，在全国高校图书馆推广普及。CALIS 还和高校图书馆、公共图书馆、文献共享服务机构、信息服务商一起，构建了一种全方位的、世界上规模最大的图书馆协同服务机制。这种协同机制已经远远超过了一般意义的"资源共享"，也超过了一般意义的"图书馆联盟"合作，是把所有信息服务机构的服务重新整合包装后支持单个信息服务机构开展对读者的服务。

中国高等教育数字图书馆取得了很多开创性的建设成果，切实解决了图书馆发展中的很多瓶颈问题，为高校图书馆的资源共享做出了突出的贡献。

二、以"统一认证系统"为核心，搭建高等教育数字图书馆共享平台

CALIS 以统一认证系统（Unified Authentication System，UAS）为核心，采用基于云计算的两级分布式架构（统一认证中心系统、统一认证共享版系统），通过与成员馆本地认证系统集成，构成全国高校图书馆三级读者统一身份认证体系（见图 1），实现高校读者在 CALIS 两级云平台和成员馆本地系统之间的跨域单点登录以及基于成员馆的统一用户管理和统一授权。

利用部署在 CALIS 管理中心的统一认证中心系统，构成了 CALIS 全国统一认证中心，支持高校读者"单点登录"，实现"一个账号、多次访问"的目标。CALIS 中心云平台上的所有应用系统都与该统一认证中心集成，实现中心云平台内各系统之间的统一认证，以便对各系统中的用户信息和访问权限进行统

一管理，同时保持用户信息在不同应用系统中的一致性。

　　CALIS 统一认证中心与各个共享域云平台中的统一认证系统集成，实现了中心云平台与共享域云平台之间的读者统一认证和单点登录。共享域云平台中的其他应用系统共享版都与该共享域中的统一认证系统集成，实现了同一共享域云平台内各系统之间的统一认证。目前 CALIS 在全国部署了三十多套统一认证共享版系统，保证 CALIS 每个省中心一套，对本共享域的成员馆提供服务。对于成员馆而言，存在两种统一认证的集成方式：基于用户数据同步的统一认证租用方式和基于本馆/本校认证的联合认证方式。成员馆可根据自己的实际情况自行选择合适的统一认证集成方式。

　　CALIS 统一认证系统提供了标准的统一认证接口，以支持与其他各个应用系统的统一认证集成；提供标准的联合认证接口，以支持与其他认证系统的集成。此外，CALIS 统一认证系统还提供灵活的认证扩展机制，以实现与特定的图书馆本地认证系统或校园认证系统之间的联合认证集成。到目前为止，UAS 已经实现了与包括 Sirsi、汇文、Account、ADlib2.0、Aleph500、Millennium、ILAS II、ILAS III、SULCMIS III、 妙思等在内的图书馆自动化系统的集成，以及包括清华大学校园认证系统、金智统一认证系统、电大在线认证系统等在内的校园认证系统的集成。

　　UAS 的部署和利用，实现了动态的、灵活的、细粒度的权限控制管理，为各个成员馆无缝集成和使用 CALIS 两级云平台以及进一步实现系统集成、接口集成、服务集成和门户集成提供了强大的基础性技术支撑服务。

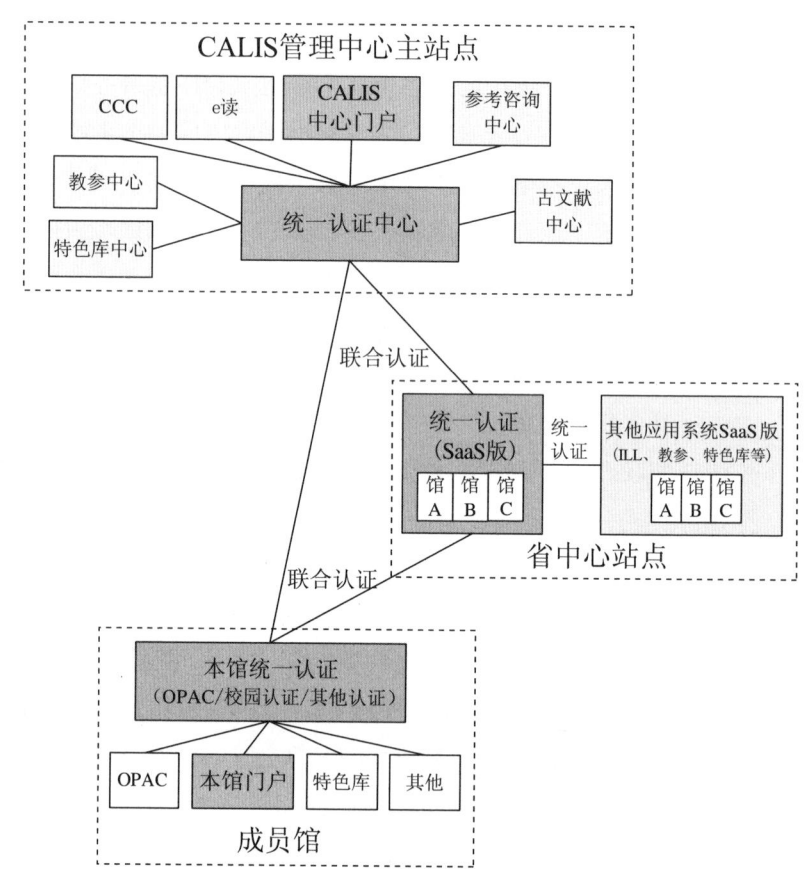

CALIS管理中心主站点

CCC　　e读　　**CALIS**
中心门户　　参考咨询
中心

教参中心　　统一认证中心　　古文献
特色库中心　　　　　　　　中心

联合认证

统一认证
（SaaS版）
| 馆 | 馆 | 馆 |
| A | B | C |

统一
认证
其他应用系统SaaS版
（ILL、教参、特色库等）
| 馆 | 馆 | 馆 |
| A | B | C |

省中心站点

联合认证

本馆统一认证
（OPAC/校园认证/其他认证）

OPAC　　**本馆门户**　　特色库　　其他

成员馆

图 1　CALIS 全国高校三级统一认证体系

数字图书馆发展趋势
研究报告 >

三、以"数据交换系统"为核心，支持成员馆资源发现

　　CALIS 研 发 的 数 据 交 换 系 统（Unified Exchange System，UES）旨在建立高校分布式节点之间海量数据资源的共享交换体系，实现资源数据在 CALIS 管理中心、省中心和成员馆之间的传输。在此基础上，快速处理、整合和集中管理 CALIS 各种文

献资源数据，为 CALIS 其他应用系统提供数据支撑。CALIS 以数据交换系统为核心，通过与成员馆自动化系统和其他本地系统的集成，将成员馆的各种资源数据依次汇集到省中心和管理中心，分别形成高校资源发现体系——e 读学术搜索引擎所需的省级和国家级资源仓储，从而实现了海量分布式资源在全国高校的统一交换、共享和发现。

UES 本地节点能够与多种图书馆自动化系统（如 Sirsi、汇文、Aleph500、ILAS II、ILAS III、SULCMIS III、妙思、金盘、Interlib 等）以及特色库系统、学位论文系统、教学参考系统、外教中心系统等集成，实现数据自动收割。UES 共享域节点从各个本地节点汇集数据，形成省级资源仓储；并按照交换规则，自动上传至 UES 中心节点。UES 中心节点自动从各个共享域节点收取数据，形成中心级资源仓储；并能与 CALIS 数据处理与管理系统（DMS）、资源发现系统（如 e 读学术搜索引擎、外文期刊网、学位论文系统、特色库系统、教参系统等）集成，对汇集的数据进行进一步的处理（质量检查、规范化、查重合并等）、整合和利用，为这些系统提供所需的基础性数据，以便其提供统一资源管理和统一资源发现服务。

UES 不仅用于将各馆资源汇集到共享域和中心节点，用于支持省级和国家级文献数据仓储的建设；还能用于将 CALIS 管理中心已经处理好的资源数据，按照一定的交换规则分别下发给相关的共享域节点和成员馆本地节点，支持成员馆本地数据仓储的建设，实现高校资源的双向智能交换。目前，数据交换系统已经在管理中心部署中心版一套，完成了学位论文、特色库等数据的交换工作；在各个省级共享域中心分别部署共享版系统三十多套，应用该系统的成员馆数量近 600 家。

四、以中心调度为核心，构建多种方式的原文获取服务体系

CALIS 以资源调度和服务调度为核心，以 CALIS 文献传递网为依托，通过整合电子原文下载、文献传递、馆际借书、单篇订购、电子书租借等多种原文获取服务，结合专业馆员提供的代查代检服务，形成了一套完整的分布式的具有多馆协作和多资源商支持的原文获取系统——e 得云平台（见图 2），旨在帮助读者快速、准确、便捷地获取原文，为读者提供"一个账号、全国获取""可查可得、一查即得"的一站式服务。

e 得云平台以馆际互借与文献传递系统共享版（统称为馆际互借与文献传递云平台）为核心，通过为各个馆提供相应的馆际互借与文献传递系统租用服务并彼此互联互通，构建了全国性的 CALIS 原文获取体系。e 得云平台中的馆际互借调度中心用于实现原文提供服务调度、费用统计和补贴策略设置。通过 e 得云平台，一方面图书馆能自动选择合适的服务馆为读者提供相关服务，另一方面 CALIS 管理中心能掌握和控制整个 CALIS 原文获取体系中的服务情况、服务效果以及相应的经费补贴和使用情况，并据此灵活设置多种调度和补贴策略，最大限度地提高高校成员馆的资源利用率和资金利用率。

通过与 e 读、联合目录数据库、外文期刊网等资源发现系统集成，e 得云平台实现了高校之间的原文获取服务；通过与资源调度系统集成，e 得云平台实现了读者直接下载有访问权的电子全文资源的服务；通过与国家图书馆、上海图书馆集成，e 得云平台帮助读者直接检索这些机构的图书资源并通过馆际借书

方式获得所需图书；通过与国家科技图书文献中心（NSTL）集成，e 得云平台帮助读者直接获取 NSTL 购买的各类资源；通过与按篇订购系统（如维普、CNKI 等）以及 CALIS 计费中心集成，e 得云平台实现了读者通过在线支付方式来按篇购买和下载资源的服务；通过与方正电子书租借系统集成，e 得云平台实现了读者直接访问和租借电子书全文的服务。

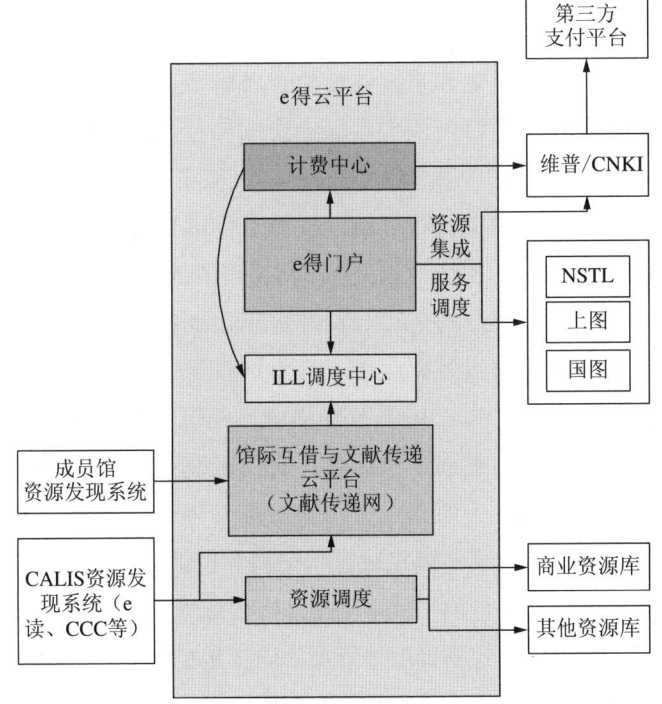

图 2　e 得云平台架构和互操作关系

由此可见，支撑 CALIS e 得全文服务的不仅有一千多家 CALIS 高校成员馆，还有以国家图书馆、上海图书馆为代表的众多公共图书馆，NSTL、科学院图书馆为代表的各类科技文献服务机构，CASHL、外国教材中心、CADAL 等为代表的教育部其他资源共享项目，以及以方正阿帕比、同方知网、维普资讯、万方数据等为代表的国内资源数据库商。

五、以联合资源订购平台为依托，优化高校资源配置

为给各个成员馆提供图书、论文等资源的协调采购和自主采购服务，降低各个馆的采购成本，降低资源的重复采购，并最大限度地优化和平衡各馆的资源配置，CALIS 三期开发了资源联合订购平台。该平台面向全国高校图书馆负责图书、论文等资源订购的专家和采访馆员、审核管理订单的各级管理员、资源提供商和书目管理员，提供从商品资源浏览、发订到收登的全流程订购服务，实现各馆相关资源的互补和共享。

联合资源订购平台与资源进出口商的订购系统集成，汇集来自他们的书目数据，形成完整的资源采购目录；同时，与成员馆的 OPAC 或 Z39.50 系统集成，使得采购馆员在选购资源的同时，可动态查询本馆馆藏，避免重复购买；此外，与书商的订单管理系统（如教图公司的业务管理系统 MIS）集成，实现订单数据的交互，以完成订单交换和反馈服务。

联合资源订购平台根据用户需要配置多种订购流程供用户选择，提供订购控制管理，管理的内容包括单位的采购额度、订购数量、订单的查重范围等等。还可以批量生成订单以提高用户的工作效率，随时查询订单状态，方便用户跟踪图书的订购进度。

目前，联合资源订购平台支持的主要订购服务有中国高校人文社科文献中心（CASHL）17 家中心馆的文专协调采购和

七十多家成员馆的文专自主采购，CALIS 两百多家图书馆参加的 PQDD 学位论文订购服务和六十多家图书馆参加的 MyiLibrary 电子书订购服务，外语院校联盟的小语种图书订购服务等。

六、以联合参考咨询系统为核心，支持高校图书馆之间的多种协作服务

CALIS 以分布式虚拟参考咨询系统（CALIS Virtual Reference System，CVRS）为核心，采用基于云计算的两级服务架构（CVRS 中心版、CVRS 共享版），分别构成 CALIS 管理中心的中心咨询台和成员馆本地虚拟咨询台。两者彼此互联互通，通过咨询知识库共享、信息素养课件共享、师资共享、咨询馆员共享，形成面向高校图书馆的支持多种协作方式的两级联合参考咨询平台、信息素养教育平台以及高端学科咨询应用示范平台。

CALIS 联合参考咨询平台支持三种馆馆之间的实时咨询协作模式（见图3）。一是域内馆馆协作模式，即同一共享域内的各个成员馆之间自行设置和开通彼此双向或单向的实时咨询协作模式，旨在发挥成员馆各自的咨询优势，开展域内咨询合作，实现域内人力资源共享。二是跨域馆馆协作模式，即不同共享域内的成员馆之间实现馆与馆的实时咨询协作，是一种由成员馆自行设置和开通彼此双向或单向的实时咨询协作模式。这种跨域模式是通过中心咨询台的中心调度模块实现的。成员馆可以将自己的在线咨询员列表发送给中心咨询台，再转发到另一个成员馆的本地虚拟咨询台，为他馆读者提供实时咨询服务。最后一种模式是成员馆与中心之间的协作模式，在这种情况下任何成员馆的咨询员都可以通过中心咨询台为读者提供实时咨询服务，既能解决 CALIS 管理中心咨询员不足的问题，又能充分发挥成

员馆的优势和专长，直接为全国高校读者提供咨询服务。

　　CALIS 通过上述三种协作模式，构建了支持多种图书馆联盟（包括专题共享域、学科共享域、行业共享域、园区共享域、城市共享域、区域共享域等）的联合咨询服务体系，最大限度地满足高校图书馆之间的灵活多样的联合咨询协作和共享需求。

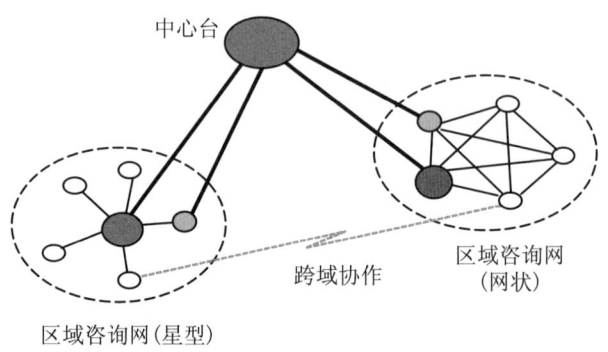

图 3　CALIS 全国联合参考咨询协作网

七、以"云服务"平台为核心，开展文献、设备、软件、人员、知识等更多层面的共享

　　为了让图书馆最大限度地利用 CALIS 的服务，且能够不受经费、设备和技术的限制，CALIS 将系统和服务部署在 CALIS 管理中心及各省中心，成员馆通过网络即可使用所有的软件和服务，从而摆脱了设备和技术的限制，更加方便地参加到数字图书馆的建设和服务中。

　　CALIS 通过自主研发和合作研发等方式，采用"软件即服务（SaaS）"技术，建立了由 CALIS 技术中心和各省级中心专业人员分别维护的多级 CALIS 应用软件云服务平台，成员馆无需购买设备和投入技术人员即可加入 CALIS 共享服务体系，获取 CALIS 各项优质服务。这些软件、系统和平台共同构成了具有国际先进水平的集数字资源制作、管理、组织、存储、访问、服务等多种功能于一体的完整的中国高等教育数字图书馆，在很大程度上促进了我国高校图书馆发展水平的提升。

CALIS 多级"云服务"平台，消除了资源共享的障碍，将文献资源共享拓展到了设备、软件、人员、知识等更多层面，有效地带动了中小型图书馆的发展，提升了它们的服务能力。截止到 2014 年底，CALIS 统一认证系统租用馆达到 1 280 家，馆际互借系统租用馆达到 1 212 家，参考咨询系统租用馆达到 1 043 家，统一交换系统租用馆达到 592 家，特色库系统 2014 年正式开通后，在 55 家成员馆中试用，新版 e 读租用馆达到 452 家（见图 4）。

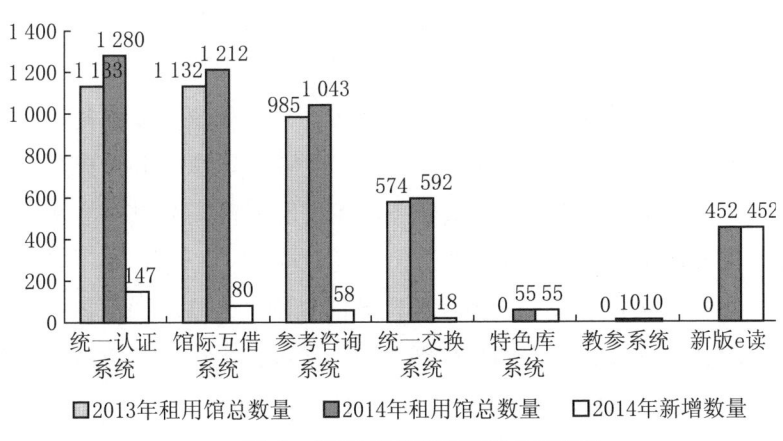

图 4　共享系统租用服务增长示意图

八、结语

目前 CALIS 的服务已经不同程度地嵌入与衔接到一千多家图

书馆的基础设施（硬件设备与应用系统）建设和图书馆的基础业务（资源订购、编目、文献借阅流通、原文提供、参考咨询、课题服务、学科服务等）的工作流程中，还有近一千家图书馆在努力消化CALIS的服务。另外，一些试点性子项目，如e-learning、机构库等，正在探索将CALIS的服务嵌入到教学与科研的各种环节。

发展至今，CALIS服务覆盖的高校图书馆已近两千所，提供的服务项目达数十种之多。应该说CALIS建设的高等教育数字图书馆取得了卓越的服务成效，CALIS已经真正成为支撑着高等教育信息资源共建共享的高等教育公共服务设施之一。当然，服务的普及和扩张在焕发了CALIS生机与活力的同时，也给CALIS带来一系列的发展问题，比如服务的维系、成员馆的管理、个性化组件的开发、个性化服务定制、软硬件系统的研发升级、新服务的设计以及新技术的革新等问题。CALIS已经开始这方面的研究、探索和试验。

在今后的发展中，CALIS将根据全球信息行业和高等教育发展趋势，以"云计算""大数据""移动"等技术的日渐广泛应用为前提，以"促进高校图书馆发展创新""建立高水平协同服务体系"和"建立行业协作发展联盟"三大任务为工作指导，在共享文献资源和其他优质资源的基础上，推动图书馆的"跨越式"发展，为中国高校图书馆的发展做出更大的贡献，并在全球新的信息服务格局下主动寻求图书馆的定位。

参考文献：
《"211工程"三期中国高等教育文献保障系统（CALIS）专项总结报告》。

基于互利合作的资源集成与服务模式探析

——以民国文献大全数据库建设为例

薛 霏

(浙江大学图书馆 杭州 310027)

Digital

摘要：

经过十年多的努力，CADAL 项目已经完成了 275 万册资源数字化目标，形成"人无我有，人有我优，人优我特，人特我专；点面结合，纵横相贯，中外汇聚"的特色化资源体系。本文将以"民国文献大全（ —1949）"数据库建设为例，系统分析在数字图书馆建设过程中，如何扩展多边合作，打造新型基于互利合作的资源集成与服务模式。

关键词：数字图书馆；民国文献；资源集成；CADAL

一、引言

　　大学数字图书馆国际合作计划（China Academic Digital Associative library，简称 CADAL）通过十多年的建设发展，构建了较完善的项目标准规范体系，初步建成由 8 个数据中心、5 个服务中心、28 个服务分中心、68 个参建馆组成的分布全国的数字图书馆共建共享的服务网络，建成了拥有超过 250 万册中英文电子图书的全球最大公益性数字图书馆[1]。

　　项目以"共建共享"理念为指导思想[2]，以先进的技术手段，全面整合国内高校图书馆、图书情报服务机构、学术研究机构所拥有或生产的各类信息资源及其相关服务，有重点地引进、共享国际相关机构的各类信息资源与服务。对包括书画、建筑工程、篆刻、戏剧、工艺品等在内的多种类型媒体资源进行数字化整合，项目建成的资源覆盖理、工、农、医、人文、社科等多种学科，通过因特网提供一站式的个性化知识服务，向参与建设的高等院校、学术机构提供教学科研支撑，并与世界人民共享中国学术资源，宣传中国的文明与历史[3]。

　　随着项目二期的完成，CADAL 目前已经完成了包括中文古籍、民国文献、中外文现代图书、中文现代报纸、外文科技报告、地方文史资料和图形图像、声像资料等 275 万册（件）数字资源的扫描加工。未来 CADAL 的发展如何扩展多边合作，从纯粹的数字增长拓展到构建多元化、多角度的共享服务体系？如何避免资源浪费和重复建设，有效地开发利用特色资源，更大限度地服务于学者？如何继续开拓创新，突破共享的边界，拓展资源发现的范围，提高资源获取的效率？这些问题，已经成为高校图书馆以及多方学者关注的焦点之一。

"民国文献大全（ —1949）"数据库 [4]（以下简称"民国文献大全"，http://CADAL.hytung.cn/main.aspx）是 CADAL 项目中心立足于用户需求，不断开拓创新，尝试新型资源集成与服务模式探索的结果。其从规划到目前成功走向读者，是对互利合作的资源集成与服务模式的有益尝试。本文将以此数据库为例，探寻这种新型的共建共享模式。

二、民国文献大全数据库建设

2.1 源起与背景

"十五"及"十一五"期间，CADAL 项目把民国文献数字化建设作为扫描加工的重要组成部分，对多数参建单位的民国馆藏进行了较为彻底的整理，通过扫描加工，建立了由 32.9 万余册书刊（其中：民国图书约 17.3 万册，民国期刊约 15.6 万期）组成、较为系统和完整的民国文献数据库，填补了目前民国文献数据库的空白。而且，通过全面的图书修补工作，改变了民国文献馆藏的散乱状态，抢救了濒临消失的大量民国书刊。民国文献全文数据的上网发布，为民国书刊原件按文物要求进行保存提供了可能。该数据库不但实现了真正意义上的免费共享，而且整合了国内多所高校如复旦大学、浙江大学、南京大学等的民国文献资源，并且因为得到了合作方的技术支持，检索平台、数据库功能很完善，能够满足用户的需求。

据 CADAL 建设以来门户访问量统计，在 CADAL 各类特色资源中，民国时期的期刊访问量一直居高不下，仅 2015 年一年，CADAL 民国图书访问量约 280 万人次，期刊访问量约 126 万人次，北美著名高校（如：哥伦比亚大学、哈佛大学、斯坦福大学、普林斯顿大学等）的访问尤其多。现在，项目组成员去欧美访问交流，洽谈多方合作，高校图书馆馆长都会提出对民国时期的书、刊、报的开放访问要求，并愿支付费用。

然而，CADAL 民国数字资源仅集中在图书和期刊，报纸资源非常少；与此同时，北京时代瀚堂科技有限公司（以下简称"瀚堂科技公司"）的"瀚堂近代报刊数据库"定位以民国报纸为主，涵盖的报纸新闻与广告条目达 1 000 万笔，文字总量逾 15 亿字，涵盖上海《申报》《民国日报》，天津《大公报》《益世报》，北京《顺天时报》，重庆《新华日报》，长沙《大公报》等十余种民国大报。其中上海《申报》数码全文入库。其丰富的民国报纸资源是 CADAL 民国资源库尚未涉及的领域。

2.2 数据库简介

民国文献大全数据库是 CADAL 项目管理中心与瀚堂科技公司共同推出的一款海量集成性网络数据库。该数据库包含海量图文并茂的民国时期文献，计：图书逾 130 000 本；期刊逾 20 000 种，13 万期，六百余万篇；报纸新闻广告条目 1 000 万笔。至 2014 年，全库文字资料近 20 亿字，并以每月一亿字的速度不断扩充资源，动态更新添加内容。

该数据库是目前民国文献最大最全的数据中心，也是实践"互利合作，资源集成"标志性成果之一。数据库中的民国图书与期刊资源来源于 CADAL 项目，而期刊数据是瀚堂科技公司自建的数据库，两者结合，平台共建共享，最终建构一站式民国时期的书、报、刊资源发现平台，营造一种专业学术研究环境，相关学者可凭借此一站式平台，贴近、发现一个更加真实的近代中国。

2.3 数据库构建意义

2.3.1 民国文献的价值

民国文献，按照《民国时期总书目》[5] 的定义，是指 1911 年辛亥革命以后至 1949 年 9 月（即民国时期）在中国出版的所有中文文献，包括图书、期刊、报纸等出版物和部分手稿。民国时期是我国社会发生深刻变革的历史时期，其间经历了辛亥革命、五四运动、北伐战争、抗日战争和解放战争，也是各种中西、新旧思潮汇聚、碰撞的特殊社会转型期。学界认为，民国文献是一批非常重要的文献，其思想文化价值不在古籍善本之下。

从历史文物角度来说，民国文献是文物珍品。现在各图书馆中新中国成立初期的文献存量已不多，而民国文献在收藏界的价格也正逼近线装古籍，文物价值日益凸显。

从思想学术性来说，民国文献含有大量学术珍品。民国时期被学术界认为是中国"第三个诸子百家时代"，文化与学术发展上承晚清西学东渐的遗绪，此时的众多著名学者秉承传统中国文化，吸纳西洋现代文明精神，是一个学术发展的黄金时期。

学术的活跃必然带来论著与出版物的繁荣，各种书刊代表着不同的立场和观点，忠实记录了各种学术的演进历程，是极具研究利用价值的学术资料。

从艺术代表性来讲，民国文献中亦含有大量艺术珍品。民国正值近代出版业发展时期，造就了民国文献印刷版本的多样性。这些近代出版业初兴时期的印刷术后世应用较少，多数几已失传，只有现存民国文献能反映出当时的印刷水平与多样化。同时，民国也是书籍从线装向现代装帧的转变期，这些有纪念意义和艺术价值的作品也仅见于稀有的民国绝版书上。

2.3.2 民国文献的保存与现状

据主要以北京图书馆、上海图书馆、重庆图书馆的馆藏为基础编撰的《民国时期总书目》的统计，民国时期出版的中文图书达 12.7 万种，此外还有其他各省及直辖市的公共图书馆和高校图书馆的馆藏，估计民国图书总量可达近 20 万种；另据《中文期刊大辞典》统计，民国时期的期刊达 2.5 万多种。在近百年的时间里，历经战火劫难和种种天灾人祸之后，能留存下来的数量有限，散落在全国各地的公私藏书机构中。其中以国家图书馆收藏 67 万册、南京图书馆藏 70 万册、上海图书馆藏 33 万册、广东省立中山图书馆藏 25 万册、吉林省图书馆藏 16 万册为藏量较多，构成民国文献馆藏的主体。余则各省市级图书馆藏量均在 10 万册以下，如重庆市图书馆藏 9.7 万册、武汉市图书馆藏 5.4 万册、苏州市图书馆藏 2.6 万册、安徽省图书馆藏 7 万余册、浙江图书馆藏 75 146 种共计 165 886 册、山东图书馆藏约 5 万册等等 [6]。北京大学、北京师范大学、复旦大学、南京大学等高校图书馆民国文献的藏量也有一定规模，一般在 1 万册上下。全国高校图书馆和省市县级图书馆所藏民国文献相加的总量可达数百万册，十分可观。

民国文献采用酸性造纸工艺生产的纸张进行印刷。经过 60 年以上的保存和使用，大多数民国时期出版物的纸张已经发脆，不少民国时期馆藏濒临湮灭消失的危险。国家图书馆 2005 年完成了"馆藏纸质文献酸性和保存现状的调查与分析"的课题研究，结果显示，在现存的各历史时期的馆藏文献中，民国文献的酸化和老化损毁状况最为严重，保存难度最大，甚至比古代的线装书还难以保护。目前，民国文献中度以上破损的比例已达 90% 以上，有相当数量的文献一触即破，濒于毁灭 [7]。正如国家图书馆詹福瑞馆长说的，如果不及时抢救，民国文献将在 50 年至 100 年内消失殆尽。历史文献具有不可再生性，如何保护现有历史文献，避免文献断层，使它们继续为读者服务，是摆在各图书馆面前的首要问题。

2.3.3　民国数据库资源集成情况及瓶颈

目前，国内图书馆界已经意识到保护民国文献的重要性，个别图书馆开始或已经完成了馆藏民国文献的缩微胶片拷贝，同时，也基于本馆馆藏资源，建成了一些民国文献数据库，比如：国家图书馆的"民国中文期刊数据库 [8]"，上海图书馆全国报刊索引之"民国时期期刊全文数据库（1911—1949）[9]"，广东省中山图书馆的"晚清、民国期刊全文数据库 [10]"，福建师范大学图书馆自建"民国数据库 [11]"和辽宁省图书馆自建特色数据库之一的"民国文献资源库[12]"等等。

　　然而，这些自建的数据库往往存在以下几个方面问题，以至于无法标准化，大规模整合民国数字资源，也无法形成统一的资源发现系统，从而限制了数据库的受众面。

　　首先，这些自建的数据库主要针对本馆收藏的民国文献进行数字化处理，进而缓和民国文献保护和利用之间的矛盾。然而，由于设备专业化程度不够，光学分辨率和色彩深度达不到要求，从而造成影像模糊不清，难以阅读。同时，由于缺乏专业的数字影像处理的相关技术支持，全文检索、OCR识别、全文下载与打印等数据库基本功能都难以实现。

　　其次，各馆的数据库建设缺乏统一标准，从而造成数据库结构混乱，著录标准不一、阅读浏览器和检索平台纷杂。而民国文献本身的特殊性使它既不同于现在的出版物，也有别于古籍，因此，缺乏个性化设计的数据库必然导致建设成果徒具框架，其实质功能非常简单。

　　此外，这些建成的数据库多是为本馆用户服务，一般仅对外开放书目题录信息，全文影像部分常采用IP限定或设定用户名与密码来限制访问权限，不能实现资源的大范围共享。倘若将民国数据库按照统一的规范标准建设并加以整合，则能避免低质量重复建设等诸多问题，并且能更大限度地造福于学术研究。

2.4　数据库构建的必要性

　　针对民国文献普遍出现的纸张发黄、发脆、易脱页、掉渣等现状，只有利用现代信息技术手段，对民国文献进行数字化处理，减少民国文献因经常翻阅带来的损坏，才能有效地解决保存与利用的矛盾。在大数据时代，任何一家图书馆或者机构都不可能拥有完整的资源，只有全球范围内的信息机构联合起来，共同建设和分享数字资源，才能最大化地节省人力、物力成本，避免重复建设，达到最终的共享无边。

三、基于互利合作的资源集成与服务

3.1 资源的整合与合作

数字资源是民国文献大全数据库建库的基础，此次，CADAL 与瀚堂科技公司强强合作，立足长远，着力于将彼此已经建成的数字化资源结合当前数据库管理技术，加以整合，以资源整合带动互利合作，共赢发展。

在此资源整合过程中，CADAL 负责提供民国图书、期刊文献的详细信息和章节元（标引）数据及图片资源的接口；瀚堂科技公司提供民国报纸和部分期刊的图文数据。其中的文本数据主要是图文对照全文数据，报纸的原始影像也多为原报高清拍照原件或者缩微胶片的高清扫描件，以确保数据库图文精度。

瀚堂科技公司作为商业数据库的开发商，没有采用 djvu 高压缩格式存储，其数据库采用碎片化管理方式，在最大程度满足读者的前提下，内容连续读取有一定限制，同时，不提供整本整册的连续下载以保护图文数据；而 CADAL 资源数据的读取，不能离开服务器。因此，两者资源的整合采用本地索引检索，资源接口调用模式完成。

3.2 技术的集成与创新

民国文献数据量大，多数是将民国文献进行扫描（或缩微胶片转换）形成电子文档，通过著录得到每本书的题录信息。因民国资源文本为繁体字、竖排版，加之有破损情况，很难进行文字识别，常以图片形式存储。由于民国文献的特殊性，其数字化成本高昂，市场上鲜有大而全的民国字库。因此，要在此种状况下，收集民国文献并将之数字化，力争建成全球范围内资源总量和质量最高、最全的数据库，联合各大高校以及相关商业公司，利用现有资源，优势互补，确实是一种有效的发展思路。

CADAL 的民国图书及期刊资源是在一系列严格的执行规范控制下，联合全国各大高校图书馆、图书情报服务机构、学术研究机构建成的民国资料库；而瀚堂科技公司主要的资源优势在于民国报纸的数字化建设，技术优势源于多年来对古籍类数据库的建设与研发，对繁体字、异体字和生僻字的管理和使用具有业内领先水平，曾有多项专利技术涉足生僻字符管理等领域。

针对民国文献文本常用繁体字记载的特殊性，瀚堂科技公司采用基于四字节字符的超大字符集 Unicode 存真性处理，对民国文献中的繁体字、生僻字进行有效的加工和自动转化检索管理，既能够对原始文本精准定位，也不会影响现代人常使用简体字符进行检索利用。其建成的数据库索引系统具有管理海量数据的能力，对目前全库超过 25 亿汉字字符，既能够快速建构索引，灵活累加数据，也能够保证检索速度达到毫秒量级反应的技术水平。

3.3 服务质量的保证,类型的拓展

民国文献大全是 CADAL 与商业机构合作共建的有益尝试。所有资源的整合、技术的创新,最后的落脚点都是为了给用户提供更好的服务。学校和企业作为不同的社会主体,其对效益的关注点大不相同。以高校为主的数据库研发主要表现为非营利性质下,为广大师生、学者提供学术研究保障,进而突出办学特色,提高学校社会声誉及学术水平;而企业的效益主要体现在利润的增加,管理和生产成本降低等商业利益上。因此,其互利合作的前提是找到合作双赢的契合点。

3.3.1 现状与问题

(1)建设经费问题

就版权而言,多数民国资源和古籍资源一样,已经过了版权保护期。然而,一些资源系稀有独占的,这就涉及购买使用权。CADAL 项目是中国教育部支持的数字化合作计划,可以"共建共享"理念为指导思想,用先进的技术手段,全面整合国内高校图书馆、图书情报服务机构、学术研究机构所拥有或生产的各类信息资源。但是,就瀚堂科技公司而言,对一些独占资源,尤其是高清原始影像尽量采用直接购买独家使用权的方式。例如,数据库中的民国天津《益世报》11 万帧高清照相图版,即高价采购自天津图书馆,独家授权使用。

对于数据库建设成本问题,CADAL 的项目经费是教育部按建设期拨付,而瀚堂科技公司作为一个商业机构,所有民国报纸的数字化,后续数据库加工维护都需要自负盈亏。

（2）运维保障问题

为了保证建成的数据库持续地为学者提供服务，运维保障体系也是要考虑的重要环节。由于资源的获取采取通过资源接口调用各自资源库的模式完成，数据的维护将是整个运维保障体系考虑的重点。数据维护包括数据管理（存储、索引、机制）和数据更新（获取、清洗、融合），主要对系统内用户产生的数据、系统配置数据及系统日志数据进行归档管理，对于有问题的数据人工纠偏，这需要投入大量的人力、物力。

（3）民国数据库深层次加工及二次开发

未来的民国文献大全数据库将以网站易用性和优质服务为导向，进行各大模块细化建设。对数据进行深入组织、加工、整理，实现交互式、互动式检索，为用户提供增值服务。同时，随着大数据和云计算的普及与应用，未来民国文献大全将依靠更大的、基于云计算的统一资源发现系统，数据库建设的重心将转移到如何从海量数据集群中挖掘出用户真正需要的知识，为其提供个性化的知识服务。这将对联合各大高校、机构协同合作，创新发展提出更高的要求。

3.3.2　民国文献大全的试用情况及用户反馈

目前，民国文献大全数据库处于试用、反馈，修正完善阶段。从 2015 年 9 月 1 日至 2015 年 12 月 8 日，数据库点击量共计 225 896 次，收到千余条反馈意见。用户普遍反映该数据库内容涵盖理、工、农、人文、社科等多种学科，资源内容丰富，其收录的《申报》《大公报》《顺天时报》《新华日报》等报纸资源都是发行时间长、影响力较高的报纸，能保证文献内容的权威性。很多高校学者也从专业的角度审评了数据库，认为该数据库收录的民国资源十分有利于中国近代史的研究，是馆藏数据库的有益补充，强烈建议购买。同时，有些用户也从数据库功能和适用性的角度对数据库提出了宝贵的修改意见。CADAL和瀚堂科技公司根据读者的反馈，已经完成了一次较大的功能与权限方面的调整。

3.3.3 服务类型的拓展

民国文献大全数据库未来的服务模式，将与 CADAL 共同探索，建立一个长效公益与商业相结合的可持续发展机制。CADAL 数字化加工成果希望得到普及推广与应用，以达到学术搜索公器之目的；然而，商家面对微利或者亏损的古典文献数据库建设，不得不去考虑建设和运维经费的合理性支出问题。

将来服务的类型，将逐步建设互惠互利的双赢体系，一方面在常规运维经费的支持下，保证基础服务，另一方面要积极探索服务机制，界定数据库开放的内容、范围与形式，从而形成民国文献数据库的自循环和良性发展，支撑其可持续发展。

四、小结

信息技术一直以令人炫目的速度在迅猛发展，用户的需求也水涨船高，对图书馆的传统服务提出了新的要求和挑战。资源的发现与获取常常是困扰数字图书馆的最大难题。如何引入群体智慧，协同创新，突破局限，高效地整合多方资源，极大地扩展资源发现的范围？与此同时，如何实现原生数字资源的获取、保存以及服务，为用户提供方便快捷的资源获取方式？

是我们图书馆员始终要思考的问题。民国文献大全数据库从规划到目前成功走向读者，主要源于 CADAL 中心对新型资源发现与获取方式的有益尝试。CADAL 未来的发展将进一步加强与公益性数字图书馆的联合共建，以及整合商业数据资源，形成公益服务支撑普遍服务，市场服务机制推动前沿发展的趋势。只有全方位的资源整合、共建共享，才能深度挖掘及二次开发特色资源，为我国高校教学、科研和对外文化传播提供强有力的文献信息支撑服务。

参考文献：

[1] 潘晶.大学数字图书馆国际合作计划的回顾与展望.大学图书馆学报，2013（4）：19-25.

[2] 黄晨.突破边界：CADLIS 创新模式探析.大学图书馆学报，2007（3）：2-5.

[3] CADAL 项目文件.大学数字图书馆国际合作计划 CADAL 项目二期建设可行性研究报告.2010（1）：1-2.

[4] 北京时代瀚堂科技有限公司.民国文献大全（—1949）数据库.[2015-12-12].http://cadal.hytung.cn/.

[5] 民国时期总书目.书目文献出版社，1986—1997 年陆续出版.

[6] 张丁，王兆辉.浓墨重彩，沧桑厚重：民国文献的价值及馆藏现状.图书与情报，2011（2）：139-144.

[7] 张福生，张文增，赵希.高校图书馆古籍和民国文献保护与抢救工作研究.数字与缩微影像，2009（2）：1-4.

[8] 中国国家图书馆.民国中文期刊数据库.[2015-12-12].http://mylib.nlc.gov.cn/web/guest/minguoqikan.

[9] 上海图书馆.民国时期期刊全文数据库（1911—1949）.全国报刊索引.[2015-12-12].http://www.cnbksy.com/shlib_tsdc/product/detail.do?productCatId=6.

[10] 广东省立中山图书馆.晚清、民国期刊全文数据库. [2015-12-12].http://www.zslib.com.cn/ancient_books.aspx.

[11] 龙丹，郑辉.福建师范大学图书馆自建馆藏民国文献数据库概况.黑龙江史志，2012（13）：70-71.

[12] 郭彧.基于TPI的特色数据库建设探索：以民国文献数据库为例.图书馆学刊.2012（8）：39-40.

中国科学院国家科学数字图书馆建设的新进展与突破

吴振新　王　丽　于改红

（中国科学院文献情报中心　北京　100190）

摘要：

"十一五""十二五"期间，中国科学院文献情报中心连续不断拓展国家科学数字图书馆（CSDL）的服务功能，密切跟踪国际数字图书馆建设的发展趋势，加大力度建设中国科学院机构知识库网格，实现国家科技计划资助科研项目成果的开放共享，使中国科学院机构知识库发展成为全球最大和具有较大影响力的公共资金资助科研成果共享系统之一。积极应对数字图书馆资源建设模式的转型需求，率先开展数字文献资源长期保存体系建设，从国家科技文献资源战略安全角度考虑，建设符合国际标准、可信赖的数字资源长期保存系统，实现对 15 种商业渠道引进的重要国内外科技文献数据库的长期保存。开发网络科技信息监测系统与云平台，收集和发布重大新闻、研究报告、预算、资助、科研活动等相关信息，为情报研究团队、科研团队等建立了科技政策与战略监测、能源领域监测、气候变化领域监测、重大传染病领域监测、纳米科技领域等一百三十多个专题监测平台。

关键词：中国科学院文献情报中心；国家科学数字图书馆；数字图书馆；机构知识库网格；中国科学院；数字资源长期保存；数字资源长期保存体系；网络信息监测；信息监测平台

一、总体建设概况

　　"十二五"期间，中国科学院文献情报中心确立了"面向三个一线"的发展战略，即面向科技决策一线、面向科技创新一线、面向国家与区域科技信息服务的战略发展一线。在"十五""十一五"中国科学院国家科学数字图书馆建设的基础上，初步建立有机嵌入科研与决策过程的新型知识服务体系，在数字知识保障与发现、战略情报计算分析和个性化嵌入式知识服务方面实现创新突破，为科技创新和中科院科研活动提供国际一流、国内领先的基础性战略性支撑服务。

　　"十二五"期间，中国科学院国家科学图书馆建设，围绕"三个重大突破"和"六个重点培育方向"不断创新发展，拓展数字图书馆信息服务和保障能力。"三个重大突破"，即重点突破综合数字知识资源保障能力，建立支持科技创新全谱段需求的集成综合知识基础设施；重点突破支撑科技决策的战略性前瞻性情报研究能力，建立权威和普惠的战略情报服务体系；重点突破嵌入研究过程和团队的知识化信息服务能力，实现科研一线文献情报服务全面转型。"六个重点培育方向"，即培育建设基于知识关系的综合数字知识资源体系，培育建设支持科学

探索的数字知识服务发现平台，培育建立世界科技态势预警监测分析的方法与工具体系，培育建立基于服务云和合作化的个性化嵌入式知识服务机制，培育建立国家科技信息政策研究与咨询服务平台，培育建设支持协同创新的开放智慧中心。

本文仅仅围绕国家数字资源长期保存体系建设、中国科学院机构知识库网格建设和科技信息监测服务云平台建设三个方面，叙述中国科学院国家科学数字图书馆建设的新发展和新服务。

二、中国科学院机构知识库网格建设

2.1 建设概况

"十二五"期间中国科学院机构知识库（以下简称 IR）建设在第一阶段工作基础上，继续扩展研究所 IR 建设的规模，普惠全院，逐步使全院绝大部分研究所都加入到 IR 建设队伍中来。

2.1.1 建设规模

"十二五"期间中国科学院机构知识库新增 58 个研究所，实现全院 113 家的研究所 IR 部署与建设规模，构成比较完善的 CAS IR GRID 服务体系。

机构知识库知识内容采集建设继续呈明显增长态势，经统

计，截至 2014 年 12 月 31 日累积数据量已达 613 425 条（见图 1），
其中，含全文的数据量为 469 963 篇，占比 76.61%（见图 2）。

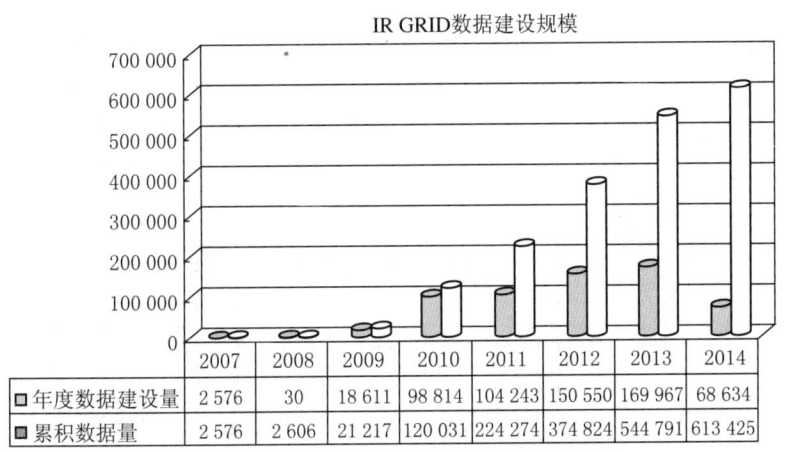

	2007	2008	2009	2010	2011	2012	2013	2014
□ 年度数据建设量	2 576	30	18 611	98 814	104 243	150 550	169 967	68 634
■ 累积数据量	2 576	2 606	21 217	120 031	224 274	374 824	544 791	613 425

图 1　IR GRID 数据建设规模与增长趋势

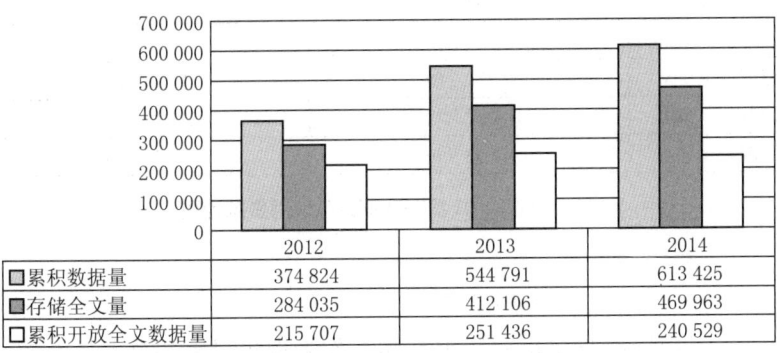

	2012	2013	2014
□ 累积数据量	374 824	544 791	613 425
■ 存储全文量	284 035	412 106	469 963
□ 累积开放全文数据量	215 707	251 436	240 529

图 2　IR GRID 全文数据建设与开放服务统计

全院 IR 建设成效显著，得到广泛关注与使用，截至 2014
年 12 月 31 日，已累积浏览量 83 678 401 次，累计下载量
10 753 718 次（均排除机器访问），具体统计指标见表 1：

表 1　IR GRID 使用量统计表

项　　目	浏览量	院外浏览量	国外浏览量	下载量	院外下载量	国外下载量
总量（扣除机器访问）	83 678 401	81 580 673	16 999 556	10 753 718	10 311 580	4 623 286
总量（不扣除机器访问）	178 434 526	176 098 695	52 765 691	21 388 496	20 943 200	8 758 158

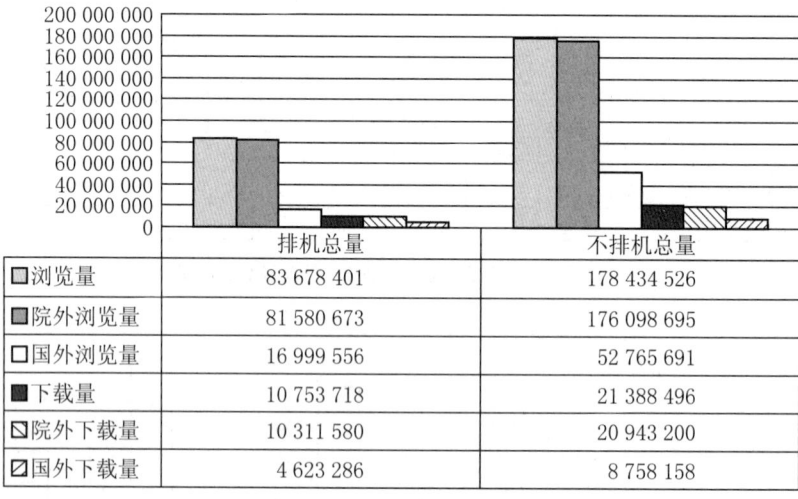

	排机总量	不排机总量
□浏览量	83 678 401	178 434 526
■院外浏览量	81 580 673	176 098 695
□国外浏览量	16 999 556	52 765 691
■下载量	10 753 718	21 388 496
◨院外下载量	10 311 580	20 943 200
◩国外下载量	4 623 286	8 758 158

图 3　IR GRID 服务与使用量统计图

2.1.2　国际影响及排名

中国科学院机构知识库体系作为世界最大的公共资金资助科研成果共享系统之一，不仅为社会提供了检索利用中国科学院科研成果的重要渠道，有效促进了科技成果的广泛传播和及时利用，成为公共资金资助科研成果开放共享的有力推动者和重要贡献者。

中国科学院机构知识库在 Ranking Web of Repositories 中共计有 17 家研究所进入排行，同时，与国外主要科研机构 IR 建设情况相比，我院机构知识库群已经成为世界范围内最大的公共资金资助科研成果共享系统，成为引领和推动我国公共科研成果开放共享的典范。

截至 2014 年底，在 OpenDOARFID 及 ROAR 中注册的中国地区机构知识库以中国科学院规模最大，如图 4 显示，中国科学院机构知识库在 OpenDOAR 中的注册规模占中国地区的 69%，在 ROAR 中的注册规模占中国地区的 90%（见图 5）。

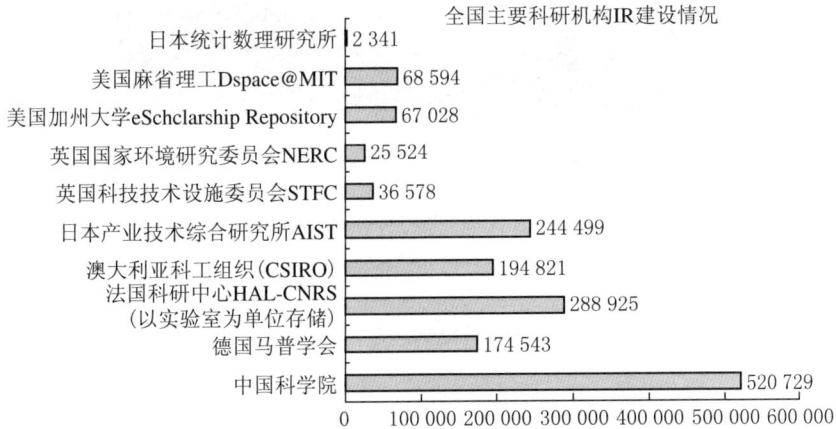

图 4　全球主要科研机构 IR 建设统计对比示意图

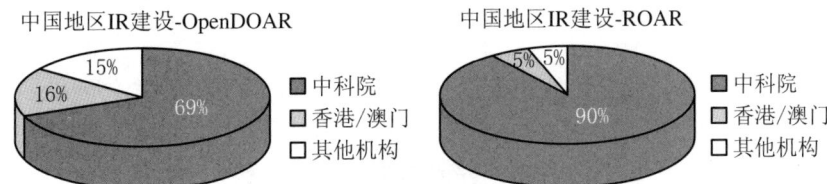

图 5　开放存取登记系统注册规模

2.1.3　推广实施

　　为了保证机构知识库的顺利进行，组建了技术服务团队、技术协调团队、政策咨询团队全方位支撑研究所机构知识库建设。协同研究所责任学科到研究所现场提供培训、指导及服务。

图 6　昆明第 5 次 IR 建设主题沙龙会

　　"十二五"期间，开展研究所知识管理服务能力建设，进行相关的培训以及创刊《中科院 IR 工作通讯》，普遍提升研究所

图 7　年度 IR 热榜论文及证书

知识管理服务能力并收到很好的效果。从 2013 年起，中心根据全文下载量统计持续发布年度中国科学院机构知识库热门论文，并为这些论文的通讯作者颁发相应的下载量证书（如图 7），鼓励科研人员及时共享科研成果。

2.2 技术发展与功能改进

CSpace 3.0 完善知识资产审计功能、逐步测试实现各类非常规资源存缴发布功能和与主要科研信息及文献系统开放集成功能，通过测试推进全面应用推广。

2.2.1 技术平台的研发升级

"十二五"期间对研究所 IR 建设平台进行持续升级和优化扩展，完成了 CSpace 3.0 版的开发与实现。新版系统主要基于前期版本在研究所中的应用反馈，并结合国际上 IR 平台功能和服务的发展，重点从解决 IR 内容采集与数据集成、适应多类型内容描述和集成管理、灵活的知识权益和传播管理、改进的用户交互和使用体验、知识资产多维度分析利用等应用场景出发，进行了功能和服务的升级拓展，并结合 i-switch 项目合作，实现数据的自动分发。

2.2.2 集成服务平台的扩展开发

"十二五"期间对 CAS IR-Grid 集成服务平台进行扩展开发，对 CAS IR-Grid 集成服务平台进行了应用及服务效果跟踪的功能扩展改造，实现了从 Grid 及研究所 IR 层次对成果存交、内容分布、访问利用等进行综合统计和分析，实现跨研究所可视化检索和知识资产审计服务，全力打造全院知识产品和知识能力集中展示、传播利用和服务的窗口，促进了我院知识成果的国际性共享和传播交流。

2.3 推动国家 OA 政策建设

"十二五"期间继续推动研究所建立完善的 IR 服务制度，并结合中国科学院的实际情况为研究所 IR 建设提供参考指南，为全院 IR 承建研究所提供个性化定制的 IR 建设的政策和制度体系参考模板，并及时跟踪开放获取政策的最新动向，不断完善和细化政策体系。

在 2014 年 5 月 15 日召开的全球研究理事会 2014 北京会议的新闻通气会上，中国科学院和国家自然基金委分别发布了《中国科学院关于公共资助科研项目发表的论文实行开放获取的政策声明》和《国家自然科学基金委员会关于受资助项目科研论文实行开放获取的政策声明》，要求得到公共资助的科研论文在发表后把论文最终审定稿存储到相应的知识库中，在发表后 12 个月内实行开放获取。中国科学院文献情报中心科技信息政策研究服务中心为中国科学院和基金委开放获取政策的制定和发布提供了有力的支持。此举充分体现了我院机构知识库在开放获取工作上的努力成效，进一步提升了我院对科研机构开放获取工作的重视程度，并为全国开放获取工作的深入开展做好典范。

2.4 持续跟进、不断发展

"十二五"期间及时关注国际机构知识库的发展动态，积极推进深度预研，如非文本、科学数据管理等，并扩展 IR 与其他

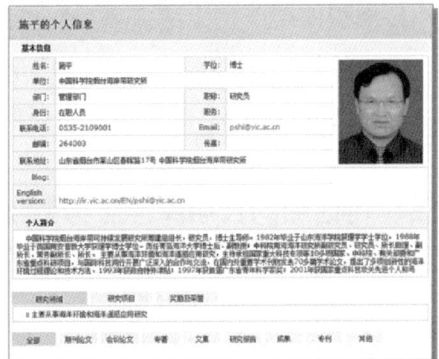

图 8　烟台海岸带所网站嵌入 IR 个人主页

图 9　学科课题组网站嵌入 IR 数据

知识、信息平台系统的关联，推进信息系统的集成与整合。

　　中国科学院作为开放获取知识库联盟成员积极参与国际开放存储运动，推进开放存储在国内推广。参加国际会议，跟踪国际机构知识库发展前沿，宣传我院机构知识库建设成果，将中国科学院机构知识库展现在国际的舞台上。组织推进中国 IR 联盟，推动我国开放获取与 IR 建设发展相关的政策研究、机制建设、技术研发、应用实践与经验分享，参与组织"中国机构知识库建设工作推进组"及相关工作，持续支持面向全国的开放软件平台 Cspace 的技术更新服务，促进我国科研机构知识成果的开放共享，支持开放科研创新。

三、可信赖的长期保存服务系统建设

数字科技文献资源已经成为我国科技创新主要机构的主流信息资源，并在逐步成为支撑我国科技创新的基础战略资源。数字资源长期保存已经成为国家科技自主创新能力的重要保证和国家科技安全的重要体现。数字科技文献资源的长期保存，事关我国科技文献保障与服务的大局。

中心自 2004 年开始组建长期保存团队，前瞻性地开展了数字资源长期保存的研究与实践。通过国家科技图书文献中心（简称 NSTL）的资助，对"数字化科技信息资源长期保存体系与政策机制"进行了深入的研究和分析，初步形成了相对完整的政策架构、管理规范体系、保存权益框架以及保存技术架构。随后中国科学院从 2009 年开始持续支持建设数字资源长期保存服务系统，基本建成了符合国际标准的、可信赖的数字资源长期保存服务系统（简称保存服务系统），成为国内开展数字资源长期保存实践的先锋。

3.1 保存服务与保存资源

截止 2015 年底，中心已经与包括 Springer、Wiley、IOPP、RSC、NPG、PNAS、VIP 在内的七家出版商签署了长期保存协议。其中，与 Wiley 签署长期保存协议是中心首次与美国大型商业出版机构进行长期保存合作，属于重要突破，为积极推进国家数字科技文献资源长期保存体系建设奠定了坚实的资源基础。

目前保存服务系统已经实现对 15 种重要科技文献数据库的长期保存，覆盖电子期刊 16 933 种、电子图书 74 527 种、事实型数据库 34 000 种、预印本 999 619 种，为我院和国家科技创新提供了重要的战略性保障（见表 2）。

表 2　实现长期保存的资源清单

序号	资源类型	资源名称	资源总量	协议签署年份
1	电子期刊	维普	14 000 种	2009
2		Springer 期刊	1 722 种	2009
3		IOP	46 种	2010
4		BioMed Central	253 种	2010
5		RSC	35 种	2011
6		Nature	48 种	2012
7		PNAS	1 种	2013
8		Wiley 电子期刊	828 种	2014
9	电子图书	Springer 科技电子图书	25 311 种	2012
10		RSC 电子图书	1 182 种	2013
11		Springer 回溯电子图书	45 458 种	2014
12		Wiley 电子图书	2 576 种	2014
13	事实型数据库	Springer Protocols 回溯库	30 000 种	2013
14		Springer Protocols 更新库	4 000 种	2014
15	预印本库	arXiv 预印本库	999 619 种	2012

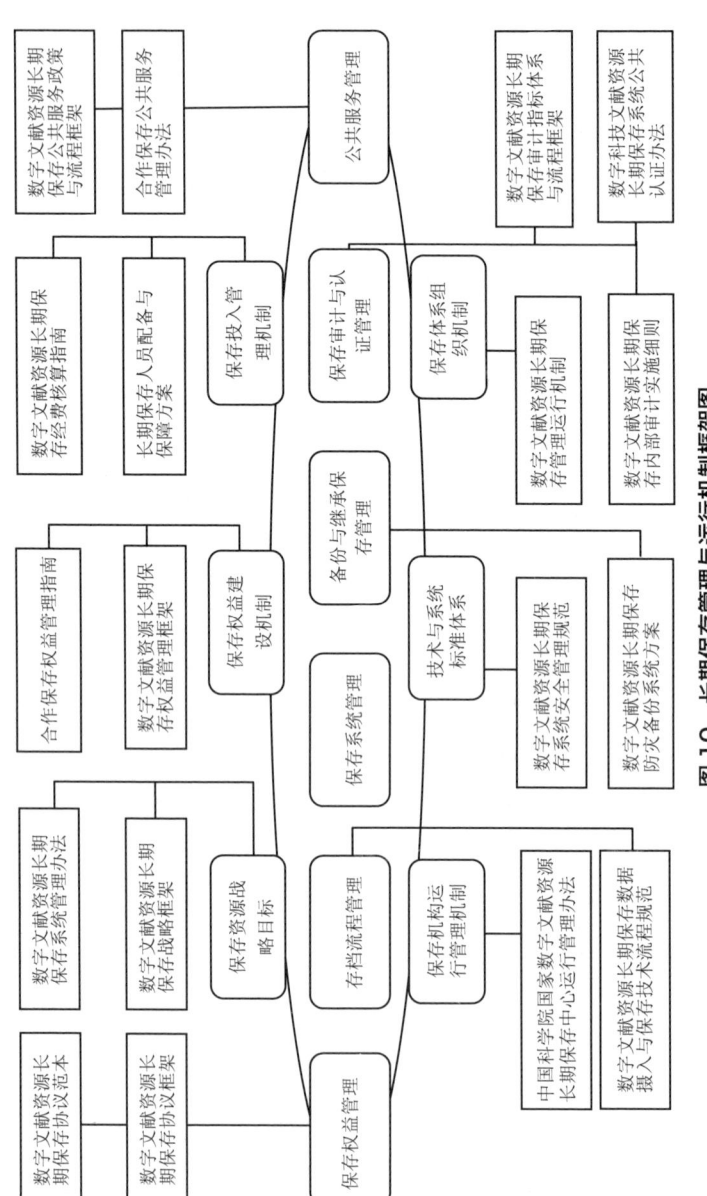

图 10 长期保存管理与运行机制框架图

3.2 管理与运行机制建设

同时，通过建立科学合理的组织管理架构和健康有效的运行机制，形成长期保存可靠的工作流、配套的工作规范共30个，确保数字文献资源长期保存活动的可持续性和可信赖性。

3.3 专业人才培养

培养了包括政策团队、保存权益团队、保存技术团队在内的一大批专业人才，发表了大量高水平的研究论文和专著，出版了首部全面系统讲解《数字资源长期保存技术的研究与实践》专著，发表长期保存相关学术论文七十余篇，国际、国内会议报告三十余次；团队中博导2名、硕导2名，先后培育了2名博士、10名硕士从事长期保存研究并完成其毕业论文，为国家长期保存开展源源不断培养了后续人才；同时，由中心资助的《数字资源长期保存发展动态监测》，每年选拔3～4名学生参与，每月发布一

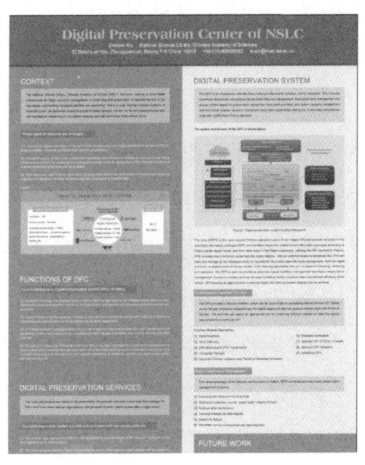

图 11　向国际同行展示长期保存建设成果

期，从 2011 年至今，已有 17 名硕、博士参与追踪和编辑，共发布五十余期近百万字的动态报告。

一批专家级人员脱颖而出，引领着国内长期保存研究与实践的发展，在国际领域也产生了一定的影响力，与国际先进的数字资源长期保存研究机构保持着密切合作联系，如张晓林教授、张智雄研究馆员、郑建程研究馆员、吴振新研究馆员等。

3.4 推进国家数字科技文献资源长期保存体系建设

数字资源的长期保存是一项复杂的系统工程，单个机构难以承受数字科技文献长期保存的重大经济、技术、法律和管理负担。中心一直致力于中国国家层面数字资源的长期保存活动的宣传和推进。2004 年中心发起了第一届 iPRES- 数字资源长期保存国际会议，并将其发展成为在美、亚、欧三大洲之间轮换举办的每年一届的全球最高水平的国际盛会，至今已举办了十二届。在国内，中心广泛联合各界，并于 2008 年举办了数字图书馆高层论坛"国家数字信息资源长期保存服务体系建设"专题研讨会。

2013 年 4 月，由中心协助 NSTL 向科技部提出了国家数字科技文献资源长期保存体系建设的建议，同年 6 月获科技部领导批准，NSTL 于 7 月正式部署长期保存体系建设规划工作。随后由 NSTL 主导，以中心保存团队为核心的国家数字科技文献资源长期保存体系建设小组（简称工作组）全面开始了国家保存体系的示范建设工作。

通过建立国家数字科技文献资源长期保存体系，系统、全面、可靠地实施数字科技文献资源，特别是外采数字科技文献资源的本地化长期可靠保存，有效解决因自然灾害、人为破坏、地缘政治等各种潜在危险导致数字文献资源在我国无法长期可靠利用等问题，为国家科技信息安全提供战略保障。

2015 年 9 月，NSTL 联合全国五十多个文献信息机构，通过签署和发布"数字文献资源共同声明"，向国内外出版商宣示我国图书馆界对所购买的国内外数字文献资源在中国本土进行长期保存的要求，明确支持国家建立可靠和可持续的数字文献资源长期保存系统。（截至 2015 年 11 月 30 日，204 家机构签署了保存声明）。

图 12　2015 年 9 月签署中国图书馆界数字文献资源长期保存共同声明

至 2015 年底，按照国家数字科技文献资源长期保存体系建设（国家保存体系）任务部署，工作组制定了国家保存体系战略规划系列政策，形成了系列权益规范文件，完善了系列公共服务与管理规范等系列政策文件，为国家保存体系的有序运行和规范建设提供了重要的制度保障。初步建设了中心和中国科学技术信息研究所两个示范系统，遴选了北京大学图书馆作为第一批试点机构，努力扩大国家保存体系的参与机构范围和保存资源范围。

四、网络科技信息自动监测服务云平台

网络科技信息自动监测服务云平台是面向一线科研团队、研究所图书馆员、战略情报分析人员，可按学科领域定制的知识服务平台。平台基于不同领域的国内外相关机构网站，自动搜集、遴选、描述、组织和揭示各机构发布的重大新闻、研究报告、预算、资助信息、科研活动等，可支持用户快速了解领域最新重要科技动态，掌握同行或竞争对手的科技活动动向，发现领域重点及热点主题，把握领域发展概貌，辅助科技决策。

平台的设计理念基于英国著名情报学家布鲁克斯（B.C. Brookes）提出的情报学的基本方程式 $K(S) + \Delta I = K[S + \Delta S]$，其中 $K(S)$ 表示科研人员或情报人员原来的知识结构或知识背景，ΔI 表示获取信息形成信息增量，$K[S + \Delta S]$ 表示新的知识结构，ΔS 表示知识结构的增量。监测服务云平台根据科技情报工作的迫切需要，能够实现以下重要功能：（1）获得 ΔI（信息增量）：发现信息，获取信息，保存信息，积累信息，检索查询浏览信息。（2）促进 $K(S)$ 转向 $K[S + \Delta S]$，揭示信息（包括重要信息、新信息、异常信息），组织信息，编译、发布、报道信息，交流信息，分析信息，发布情报产品。随着信息化的快速发展，来自于专利引文数据库或各类指标数据库的信息已经

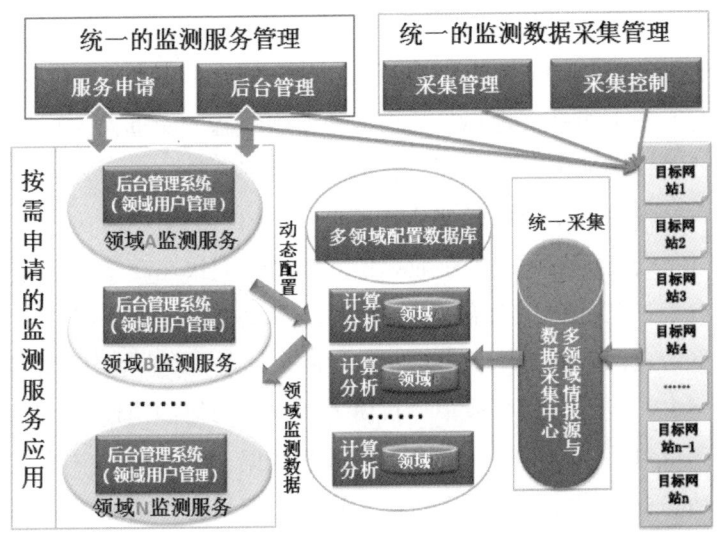

图13　按需申请、统一采集、分散配置、个性化计算、定制化服务的系统框架

不能满足当前网络信息化背景下的情报工作，很多重要的政策信息、研究成果等都会第一时间通过网络发布，因此网络科技信息自动监测平台主要针对网络开源科技信息资源，辅助领域情报团队、学科服务团队等开展科技情报工作。云平台的整体架构图如图 13 所示。

云平台的服务对象包括：（1）政府信息部门：帮助他们及时把握科技强国、国家科技政策新动向，获知重要科技强国科技战略计划，获取政策发展脉络，了解核心机构设置、预算、人事变动等；即时发布、上报重大政策事件；编制政策动态简报。（2）情报研究团队：帮助他们及时把握领域科技政策新动向，获知重要科技强国科技战略计划，全面把握领域关注重点，重要人物、重要计划及重大活动情况，编辑加工领域战略情报服务产品，进行领域分析。（3）研究所图书馆员：帮助他们了解领域最新科研动态；定题跟踪某个研究专题的发展；帮助研究所图书馆把握定标赶超机构的发展动态，如重大科研项目出台、机构调整、最新动态、科研项目资助等信息；为一线科研人员推送有价值的领域科技信息，组织、编辑本所学科相关的科技动态简报。（4）企业单位：帮助他们快速获知同行或竞争对手最新的市场动态、关键技术；及时把握行业／产业重大政策信息；定题跟踪某个专题的发展；行业／产业动态简讯编制。（5）一线科研团队或单个科研人员：帮助他们快速获知同行或竞争对手最新的科研动态、措施和数据；了解领域内重要研究动态；掌握领域内基金资助、重大会议信息；定题跟踪某个研究专题的发展；课题组内共享信息资源。

云平台在科技情报监测工作的作用主要包括以下几个方面，

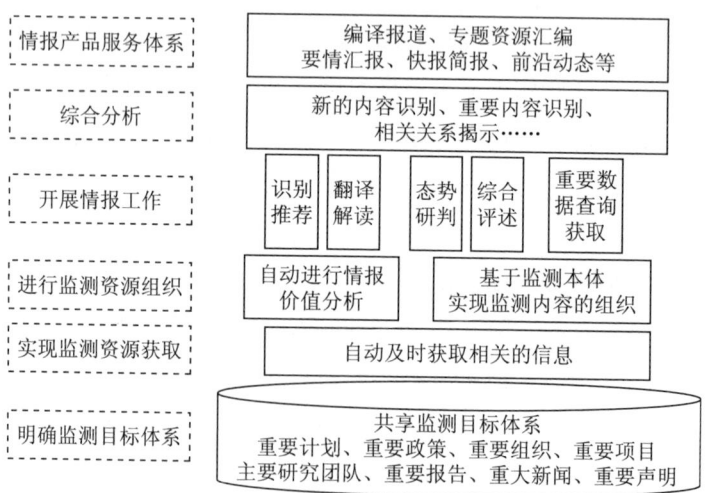

图14　云平台在科技情报监测工作的作用

如图 14 所示：（1）明确监测目标体系，云平台提供包括重要计划、重要政策、重要组织、重要项目、主要研究团队、重要报告、重大新闻、重要声明等四千多个共享目标体系，帮助用户明确监测目标。（2）实现监测资源的获取，能够及时准确地将监测目标的资源跟踪推送到服务中来。（3）进行监测资源的有效组织，自动进行资源情报价值分析，自动抽取资源当中涉及的主题和对象，辅助用户阅读和遴选资源。（4）开展情报工作，包括态势研判、识别推荐、翻译解读、综合评述等。（5）进行综合深度分析，包括新的内容识别、重要内容识别、相关关系揭示等。（6）形成情报产品服务体系，包括编译报道、专题资源汇编、要情汇报、快报简报、前沿动态等。

具体而言，云平台的特色功能包括以下五个大的方面：（1）云服务模式，按需申请、自主定制，用户随时按照自己的领域需求快速定制监测服务。（2）目标监测，精准跟踪、即时推送，能够即时准确地将监测资源通过网页和邮件的方式推送给用户和科研人员。（3）态势研判，多维揭示、深度分析，通过知识抽取，内容挖掘等技术方法，抽取主题和对象，分析关联关系，发现重要问题和热点问题，辅助科技决策。（4）情报产品，辅助加工、快速提送，平台提供一站式多类型情报加工平台，直接利用平台编译加工资源，推荐资源，组织资源等，进一步利用平台资源生成研究报告、简报快报或年报等，将情报人员的智慧和成果通过平台快速释放。（5）开放对接，平台提供便捷的标准开放接口，便于复用平台资源和用户进一步加工利用平台数据，便于进行推广宣传。服务云平台的页面效果（以其中一个平台 NSTL 重点领域信息门户示例）如

图 15 所示。

网络科技信息自动监测服务云平台从 2006 年开始投入研究建设，至今已经为中国科学院 13 个战略情报研究团队、国家科技文献中心（NSTL）11 个重大专项团队、中国科学院 23 个研究所一线科研团队、新疆建设兵团、广东省科技图书馆、江西省科院和贵州省科院、北京市农林科学院、广州中国科学院工业技术研究院—国家物联网标识管理公共服务平台等五十多个团体用户，提供了科技政策与战略监测、能源领域监测、气候变化领域监测、重大传染病领域监测、纳米科技领域等一百三十多个专题监测服务，支撑《HIV 治疗科技》《纳米科技》《机床先进制造动态》《可穿戴技术》等五十多种情报产品的产出使用，

图 15　云平台页面效果——NSTL 重点领域信息门户首页图

服务效果说明如图 16 所示。有效支撑了科研工作和情报工作，

有效为广大科技工作者提供了良好的科技信息服务，取得了很好的服务效果。

图16　服务效果示意图

"微时代"理论学习方式
创新研究

——中央党校图书馆中国干部学习网的探索与启示

中共中央党校图书馆课题组

摘要：

"微时代"是碎片化、小而美、个性化的时代，同时也是基于话题的裂变式传播时代。在"微时代"中，创新理论学习方式、优化理论学习内容势在必行。为适应这一需要，中央党校图书馆中国干部学习网在理论学习大众化、常态化、关联化、具象化、互动化方面做出了有益的探索。

关键词："微时代"理论学习；创新；中国干部学习网

我们党是一个重视学习、善于学习、坚持学习的党。但如何让党的理论为党的各级领导干部、党员所掌握，为大众所接受，则是我党始终面临的一个大的课题。当今社会，信息技术的快速发展与大量智能终端的广泛应用，使得整个社会进入到

了一个"微时代"——微博、微信、微视等用户自主的微媒体大行其道，微电影、微动漫等微文艺悄然流行。"微时代"呼啸而来，一切都在发生改变。如何适应这种时代的变革，在"微时代"里创新理论学习方式、优化理论学习内容，中央党校中国干部学习网做出了一些有益的探索。

一、"微时代"是信息传播创新的时代

2009年，门户网站中的新浪最先开通微博，随后，腾讯、网易、搜狐微博等也相继面世。2011年12月20日，上海交通大学舆情研究实验室发布的《2011中国微博年度报告》认为，2011年是微博应用元年，也开启了"人人都是记者"的自媒体时代。2011年，教育部、国家语委发布的《2011年度中国语言生活状况报告》分析显示，"微某某"格式的词从2010年热到2011年；"微电影""微访谈""微小说""微生活"等等也都名列其中。不经意间，"微时代"已悄然来临。

1."微时代"是碎片化的时代

所谓"碎片化"，原意为完整的东西破成诸多零块。"微时代"，首先是时间的碎片化[1]。在城市里，特别是在一线大城市

中，人们的生活节奏越来越快，人们都在争分夺秒地工作、生活，很难有完整的、大段的时间去进行学习、交流。现代都市人，时间被切分得越来越碎，微博、微信、微视、微电影、微动漫等都是为了适应这种快节奏的生活而产生的，它们满足了人们在日益加快的生活节奏中以最短时间获取最多信息的需要。不管是在路上、车上，还是在排队等候中，这些微事物给了人们一种随时、随地、随身的享受。

其次，"微时代"中，知识也是碎片化的。知识碎片化，是指"我们获得的知识不再完整、系统，而变为零散、无序和互不关联。"[2] 网络上充斥着大量的信息，这些信息不像传统的教科书拥有严密内在逻辑、独立体系，而是海量的、多样性的数据，看似相关却缺乏逻辑，显得庞杂而混乱。

2. "微时代"是小而美的时代

微博、微信、微电影等等，"以去中心化、动态化、碎片化、零散化、即时化和赛博化为特征的新兴传播方式、文化形态乃至经济活动形态、日常生活形态，已经在潜移默化间重新定义了我们的时代"[3]。确实如此，"微"，或者说是"小"，也重新定义了我们的生活。微博的字数为140个字，一秒钟即可转发出去。微视频、微电影、微动漫短则三五分钟，长则二三十分钟。它们共同的特点就是容量小、持续时间短。这些"微""小"却灵活、贴切的新鲜事物充斥了我们的生活。没有了"大"的宏大叙事，却有着"小"的自由主张；没有了"大"的绝对权威，却有了"小"的个性绽放。经济学家舒马赫早在1973年就提出，"小的就是美的"（small is beautiful），"小"的就是活力，就是创新，就是顽强拼搏。小，是一种极致、精致的美。《论语》《道德经》都不是长篇巨制，寥寥数千字，却是延续了几千年、无法超越的经典。"微时代"里，就是要在这"微"中见大，见著，见真知。

3. "微时代"是个性化的时代

　　微博、微信，都是个人媒体，是处于社会各个层面的个体对社会发出多种声音，进行自我表达的开放式平台。互联网的发展，使解决人们在通讯传播中的某一种基本的应用需要得以实现，而"微博所带来的，则是提供了一个个体向无限广泛的社会群体进行'喊话'和广播的手段"[4]。按照马斯洛的层次需要理论，每个人都是渴望自我实现的，人们在微博上发图片、写日志，在微信中发朋友圈，都是在抒发心意，表达看法，张扬个性。"个性化的理想状态已经为每一个受众办一份报纸，尼葛洛庞帝在《数字化生存》中将之称为《我的日报》。"[5]

　　个性化的表达，个性化的关注，进一步促动世界扁平化、"去中心化"，使每个人都能够成为中心。但同时每个人也有可能被自己所禁锢，形成自己的"信息茧房"，作茧自缚。所以，个性化的"微时代"需要引导与沟通，需要理论智慧的滋养。

4. "微时代"是基于话题的裂变式传播

　　"微时代"的舆论传播是基于话题的，按照议题设置模式进行传播的。微博打假、微博问政、微博公益、微博打拐等等，微博话题从日常的生活到社会群体事件，无所不包，无所不及。这些话题，极易发酵，以迅雷之势传播漫延，从而形成社会热点。同时，因为信息传播的即时性，信息接受的同时性，微时代里的传播是裂变式、自主性的。"它打破了传统大众传播方式（比如广播、电视等）信息单向流动的特点，打破了信息的传播者和接受者的界限，实现了信息的充分交流、互动和对话，建构了一个新型的公共空间。"[6] 在这个空间里，网络信息传播者也是信息接受者；其传播形式不再是从上到下，由点到面的传播；也不再受时间和空间的限制，信息的发布、传播变得简单而快捷，如核裂变的形式一样，可以由某个不起眼的点，迅速在社会中引爆，产生巨大的能量。

一方面，基于话题的裂变式传播，促使人们实现了开放、自由、平等的沟通与交流；另一方面，社会也会因此充斥多元化的意见而导致价值观冲突，不稳定因素与不和谐声音会此起彼伏。这种传播方式前所未有，也给理论宣传、学习带来了很大的契机和挑战。

二、"微时代"创新理论学习方式势在必行

"这是最好的时代，也是最坏的时代。""微时代"里，个性张扬，公民意识高涨，充满蓬勃的朝气与智慧的思想。但同时，"微时代"也充斥着大量的无效信息，浮躁、无序，诱使信仰缺失，助推道德滑坡。从生活的目的出发，以历史的伦理追求为制约，"微时代"迫切需要理性引导，需要合乎目的性的引导。

1."微时代"更需要传递正能量

如今，微博、微信等新兴媒体，已成为西方国家价值观渗

透的主战场。"美国等西方国家利用互联网进行意识形态渗透的意识明显，将其创制的网络标准推广为全球标准，通过网络全天候地推销自己的价值观。"[7] 网络上充斥着大量的西方国家所鼓吹的不考虑发展差异性的民主、自由、平等等所谓普世价值，社会上一有风吹草动，就会被别有用心的人大肆进行渲染，误导网络大众，惟恐天下不乱。同时，由于微博、微信都是自媒体，门槛很低，每个人都能够发表意见。这样一来，海量的信息自然是良莠不齐，常常会有一些虚假、负面、消极、落后的思想观念，抑或是色情、暴力的信息充斥在网络上。一些党员干部，特别是广大青少年，处于多重利益诱惑与多元化价值的冲突中，对马克思主义理论、对社会主义核心价值观产生怀疑、动摇，从而迷失自我，误入歧途。这种情况下，理论宣传部门与主流媒体，必须立足现实，充分运用各种新媒体技术，大力宣传马克思主义基本理论，大力宣扬社会主义核心价值观，大力弘扬爱国主义教育，大力倡导正能量、积极向上的观念，承担起对广大党员干部、青年学生和普通大众的教育引导职能，让理论为大众所认知和理解，变成党员干部和人民大众的思想武器，营造良好的学习氛围，推动网络学习新模式创新。

2. "微时代"需要创新理论学习方式

传统上，理论学习都是自上而下组织实施的，主要以报告、交流、课堂等方式展开，理论学习动机基本都是组织上"要我学"，是被动的学习方式，学习效果往往差强人意。与此同时，信息技术飞速发展，网络于时空全面覆盖，也使得我们的党报、党刊面临着受众范围越来越小的尴尬。

2015 年 7 月 23 日，中国互联网络信息中心（CNNIC）发布的《第 36 次中国互联网络发展状况统计报告》显示，截至 2015 年 6 月，我国网民规模达 6.68 亿。其中，手机网民规模达 5.94 亿。手机、电脑成了人民群众生活的必需品，微博、微信成为了人们交流的生活方式。在这种情况下，如果我们还是单纯地依靠传统的理论学习方式，而不能适应新媒体技术的发展，理论学习的效果必将大大下降，逐渐非主流化，终将走入死胡同。困则思变，变则通达。因此，各级党政机关、各个党的理论宣传部门，必须充分运用结合新媒体技术，确立"互联网 +"的思维理念，以开放、包容、创新的态度，主动地开启理论学习的"互联网 +"模式，来一场"学习的革命"。

3. "微时代"需要优化理论学习内容

传统模式下，我们的理论学习往往缺乏社会活力，内容存在空洞、枯燥、乏味、高高在上的弊端，理论学习成了任务、负担，甚至走过场。适应于"微时代"知识信息传播的方式革命，理论学习的内容也必须重组再造，按照时代特点进行组织，真正展现真理的光芒。

首先，理论学习须从大众学习习惯出发。碎片化的"微时代"，生动活泼的微事物更易为人们所关注并保持兴趣，传统的冗长报告难有市场，人们更愿意利用诸如排队等间隙时间，去欣赏一段微视频，并掌握其中的知识精华。

其次，理论内容的呈现应该多样化。理论是严密的逻辑体系，其实质往往是灰色的，甚至是无趣的，但其传播形式却应该根据受众需要，按照传播规律，利用各种手段途径，多元化呈现，如文字、漫画、动态图像、游戏等等。这些多样化的形式，符合不同个体的多元化需求，从而使得理论内容更容易接受，让人们产生兴趣，形成学习积极性，从而为理论的传播和运用准备条件。

再次，理论的内容应该与网民的关注点、时事热点相吻合。生存需要促使人们更容易关注身边发生的、对自身生活影响比较大的时事热点。因此，当这些发生后，理论要及时和这些事件进行结合，深入浅出，一语中的，展现理论威力，推动学习积极性。

"微时代"的理论，"要在微中求著，在碎中求全，在浅中求深，在短中求长，在无序中求有序"[8]，还要在严肃中求有趣，从小众走向大众，在全党、全社会形成爱学习、善学习的氛围，推动学习型马克思主义政党、学习型社会建设。

三、中央党校图书馆中国干部学习网的探索与启示

中央党校作为培训轮训党的高中级领导干部和马克思主义理论干部的最高学府，是学习、研究、宣传马克思列宁主义、毛泽东思想和中国特色社会主义理论体系的重要阵地。中央党校中国干部学习网即是为履行理论教育主阵地功能而成立，并按照"微时代"的要求，推动理论传播和学习革命的成果。中国干部学习网是由中央党校校委批准设立，并由中央党校图书馆承办，北京市宣传教育服务中心运营维护的集理论学习、政策宣传、决策咨询、发展战略剖析、网络培训教育等功能为一体的综合性学习门户网站。从 2010 年创办以来，中国干部学习网就致力于马克思主义理论的宣传与教育，为用户提供全方位

的学习平台，受到了广大党员干部的喜爱。

　　为使理论更加普及，学习的气氛在全党、全社会更加浓郁，适应于"微时代"人们的种种变化，中国干部学习网研发团队对党员干部、青年学生以及诸多的年轻网民，做了深度的调查与研究，充分把握年轻人在"微时代"的学习途径和学习习惯，基于大数据的处理方式，运用先进传媒技术，以高速移动网络通讯终端为主要呈现平台，开发了"学习中国APP"（移动客户端应用程序）。这是全国首款学习习近平系列重要讲话专用APP，开历史之先河。同时，在此基础上，团队又申请了"学习中国"微信公众号和"学习中国"微博，全天候、不间断地推送理论资源，推动理论学习方式的创新。

　　中国干部学习网在理论学习方面的创新做法，为"微时代"党的理论方针政策通俗化、大众化提供了一条有效的路径，其创新的理念和创新的内在逻辑，也为微时代的理论学习革命提供了有益的参照。

1. 接地气、大众化，拉近理论与百姓的距离

　　中国干部学习网在深入调研人们的学习需求的基础上，以为普通大众提供通俗化、接地气的理论服务为目的，在综合研究分析已有的理论表达方式后，创新提出了一系列知识组织新方式，尤其是"学习中国APP"创新性地采用了许多符合"微时代"学习需求的知识组织模块，为人们学习感受习总书记的系列重要讲话精神提供了新颖有趣的途径。恰如一个网友的评价，学习中国APP"让理论插上了科技的翅膀"，从而也直接将严肃的理论创新呈现为大众化的精神食粮和行为指南。

历经一年多的资料收集与技术开发，2015 年 3 月 28 日，"学习中国 APP"上线。截至 11 月初，其下载量已经超过 600 万。"学习中国 APP"，从新闻、实景地图、微课程、知识地图、习大大词条、电子书、理论文章、重点论述、习大大故事汇、引经用典、专家解读、评论精选等十二个维度全面系统地呈现和解读了习近平总书记十八大以来系列重要讲话。可以说，在"学习中国 APP"中，每个人都能找到自己学习的兴趣点，既能满足理论呈现的需要，又能满足党的领导干部、基层党员、普通民众、青年学子的学习要求。

孔子说："道不远人，人以远道而远人，不可以为道。"所有的理论不该是高深莫测、高不可攀的，不该是远离普通人的，而应该是为大众所喜闻乐见的。在快节奏的"微时代"里，让理论放下身段，摆脱严肃的面孔，走出"象牙塔"，就成为我们必须完成的使命。理论宣传要将严肃的主义与活泼的生活结合在一起，用通俗化的、大众化的语言，通过日常通用的媒体终端随时随地呈现，使理论学习变得简单有趣，俯首可拾，使理论更好地贴近百姓。

2. 多平台、常态化，使理论学习成为生活方式

过去的理论学习，需要拿出大段的时间，精心组织，费时费力，还不一定能够收获到好的效果。习总书记说："我们一定要强化活到老、学到老的思想，主动来一场'学习的革命'，切实把外在的要求转化为内在的自觉，成为自己的一种兴趣、一种习惯、一种精神需要、一种生活方式。"[9] 让理论学习常态化、生活化，成为党员干部的一种生活方式，这也是中国干部

学习网的目标。"学习中国APP"的研发初衷，就是要让领导干部及网民主动去学习理论，并且能够在任何时间、任何地方都能得到理论学习的资源。基本这种考虑，"学习中国APP"除了包括习近平总书记的重要讲话等理论性文章外，"跟着习大大学"系列涵盖了马克思主义基本理论、哲学、党史、国学、历史、经济等诸多内容，致力于成为党员干部、青年学生的"掌上知识库、口袋里的图书馆，理论学习的全天候导师"。

除了"学习中国APP"外，"学习中国"微信公众号每天不定时推送理论文章。这些文章全部为原创，紧紧围绕时事热点，解读习近平总书记的系列重要讲话，解读党和国家的大政方针政策。"学习中国"微博分为若干话题，每天推送上百篇各类资源，并有专人负责与网民朋友的互动，解决网民学习上的问题。

"微时代"的理论学习将不再依赖课堂，不再依赖固定的场所，不再需要随身携带大部头的书籍，拿起手机就可以随时随地进行学习。理论学习因为手机移动终端，因为大数据处理技术，日益走进大众的生活中，占据大众"碎片化"的时间，成为大众生活中不可或缺的有机组成部分。理论学习的常态化，也是我们党走向理论自信的必由之路。

3. 多维度、关联化，使理论学习简单而高效

"微时代"是一个碎片化的时代，它显著的特征就是无序。但知识体系是有其内在逻辑的，碎片化的只是具体知识表达方式，而不是知识逻辑本身。因此，"微时代"如何增强理论之间的黏合度、提高学习效率是一个重要课题。为此，"学习中国APP"内容上按照语义相关的原则，将相同、近似或相关的学

习内容按照相关度高低系统、有序地排列出来，按照知识点形成一个个小的网状知识体系。

例如，习近平总书记 2015 年 9 月 3 日在纪念中国人民抗日战争暨世界反法西斯战争胜利七十周年招待会上作了"中国抗战是世界反法西斯战争的东方主战场"的讲话。"学习中国"APP 在"习大大词条"中就有了一条"世界反法西斯东方主战场"。同时，这个词条的相关资源有 129 个。这些资源根据相关度依次排列，最高相关度为 83%。这样，用户可以根据需要进行自助选择学习，节约了查找相关知识的时间，知识学习的主体性和能动性更为突出。

简单、高效是现代人的追求，理论学习也不例外。从一条新闻、一个报道、一篇文章中，可以拓展阅读到很多相关的资源，可以了解到相关的人物、事物的背景知识，从一点发散到一个面，从一个面而自成一个体系。这弥补了碎片化时代知识无序的缺憾，帮助理论学习者形成自己的知识体系。简单、高效是"微时代"里现代人的追求，理论学习也要走出一条快捷之路。

4. 多形式、具象化，使理论学习生动而有趣

对很多人来说，理论学习是枯燥的。随着社会变迁，理论学习必须改变既有的定式，讲求艺术，讲求实效，彻底摒弃板起面孔、照本宣科、强塞硬灌的做法，用循循善诱、春风化雨、润物无声、生动活泼的方式，将理论精髓送至每个受众的思维深处。"学习中国 APP"的开发团队，在内容的生动化、具象化上下了很多功夫，最大的两个亮点就是知识地图与实景地图。

知识地图，类似我们学习时所做的笔记，重点突出，要点明晰，逻辑性强，特别适合记忆。知识地图是一种动态的展示，读者可以按照层次逐个点击，大要点里包括小知识点，学习的过程，如同玩游戏，环环相扣，层层递进，趣味无穷。目前，在"学习中国APP"上，共有12个这样的知识地图。对此，中央党校副校长赵长茂评价，"我们不仅需要理论创新，更需要理论学习方式和宣传方式创新，知识地图为这种创新开了好头"。

"实景地图"板块，可以从地图上按照时间、地点、关键字查询习近平在何时何地的讲话，并通过手机自动定位功能，自动弹出习近平在某个地点曾发表过的讲话。以地图的形式，展现习总书记的重要讲话、活动等，学习起来直观、便捷而高效。

知识地图、实景地图，两个具象化的创意，把理论给搞活了，受到了广大学习者的热捧。有网友评论说，"如果理论都是这样的生动，那我们喜欢理论"。

5. 增话题、互动化，激发理论学习者的热情

根据"微时代"的传播特性，理论学习型网站、客户端要时刻关注理论热点，关注社会民生，适时而恰当地设置议题，加强与读者的互动，引领社会舆论，推动理论学习。

基于此，中国干部学习网从2015年7月23日起举办"我最喜爱的习大大的一句话"和"我最想对习大大说的一句话"两项活动。为了方便读者参加活动，团队精选了习总书记的一些讲话供网友选择。目前，活动正在进行之中。从APP上可以看到，很多网友进行了语音留言或者文字评论。这些网友中，有老人、孩子，有军人、党员干部，还有青年学生，他们用最

质朴的语言、文字，抒发自己学习的感悟，表达对习总书记、对国家、对这个时代的挚爱之情。为了强化活动效果，"学习中国 APP"团队还陆续开展了线下活动。团队走进大中小学校、机关单位、居民社区，与网友面对面进行交流。这样一来，不但扩大了活动的影响，而且还促进了"学习中国 APP"的推广与普及。

四、两点建议

中央党校中国干部学习网对马克思主义基本理论学习做出了有益的探索，促进了理论学习的大众化、常态化，赋予理论学习以亲近、活泼、生动、有趣的新形象。在未来，中国干部学习网需要在现有基础上进一步加大创新力度，将内容与形式更为紧密地联系在一起。

第一，确保内容的威权性、及时性。作为中央党校的综合型、学习型门户网站，必然要求中国干部学习网要立足于中央党校强大的教研资源，做好内容建设的长远规划，并在技术逻辑和知识逻辑统一的基础上，加强内容建设。

第二，为用户提供符合个人学习习惯的个性化推荐。科技进步发展的源动力在于，不断地满足人的个性化的需求及意愿。据资料显示，亚马逊网站充分利用大数据相关性分析，通过有效的图书推荐，使其图书销售量增加三分之一以上[10]。大数据时代，海量数据存在的主要特点就是无结构、杂乱无章，很多无价值的数据侵占了太多的精力。如何根据用户的需求，推送有价值的资源，就是一项很重要的课题。中国干部学习网也有必要对每一个用户的历史数据进行深度挖掘、分析，发现用户的兴趣，总结出他们的学习习惯，有针对性地推荐学习内容。

诚如习近平总书记所说，"中国共产党人依靠学习走到今天，也必然要依靠学习走向未来"。随着理论学习方式的不断创新，我们党的事业一定会更加辉煌。

课题组负责人：刘燕飞

课 题 组 成 员：刘燕飞　张瑞红　陈高桐　叶成林

李　虹　龚小英　陈晓蕾　闫翠翠

刘小梅　杜　敏

报 告 执 笔 人：杜　敏

参考文献：

[1] 张怀琛 . 关于网络信息传播"碎片化"的思考 [J]，青年记者，2010（4）：39.

[2] 王竹立 . 新建构主义——网络时代的学习理论 [J]，远程教育杂志，2011（2）：11.

[3] 陶东风 . 理解微时代的微文化 [J]，中国图书评论，2014（3）：4.

[4] 喻国明 . 微博——一种蕴含巨大能量的新型传播形态 [J]，新闻与写作，2010（2）：59.

[5] 张怀琛 . 关于网络信息传播"碎片化"的思考 [J]，青年记者，2010（4）：40.

[6] 陶东风 . 理解微时代的微文化 [J]，中国图书评论，2014（3）：5.

[7] 张谦 . 中国发展道路的思考 [M]，北京：中国财政经济出版社，2011：292.

[8] 马建辉 . 微时代文化传播的几个理论问题 [N]，文艺报，2015 年 1 月 30 日 .

[9] 习近平 . 之江新语 [M]，杭州：浙江人民出版社，2007：41.

[10] 许碧文 . 论大数据时代图书馆服务的发展与创新 [J]，图书馆理论与实践，2014（12）：19.